歷史不止一種寫法

歷史不止一種寫法

十篇書評裏的歷史學景觀

毛升 著

香港中文大學出版社

《歷史不止一種寫法：十篇書評裏的歷史學景觀》
　毛升　著

© 香港中文大學 2020

國際統一書號 (ISBN)：978-988-237-206-1

2020 年第一版
2021 年第二次印刷

出版：香港中文大學出版社
　　　香港 新界 沙田 · 香港中文大學
　　　傳真：+852 2603 7355
　　　電郵：cup@cuhk.edu.hk
　　　網址：cup.cuhk.edu.hk

More Than One Way: Issues and Approaches in East Asian Studies (in Chinese)
By Sheng Mao

ISBN: 978-988-237-206-1

First edition　　　2020
Second printing　　2021

Published by The Chinese University of Hong Kong Press
　　　The Chinese University of Hong Kong
　　　Sha Tin, N.T., Hong Kong
　　　Fax: +852 2603 7355
　　　Email: cup@cuhk.edu.hk
　　　Website: cup.cuhk.edu.hk

Printed in Hong Kong

目　錄

致　謝

　　本書收集的文章都是我在美國、臺灣以及來到香港嶺南大學歷史系擔任講師後所寫，大致反映了我在各個學術機構學習工作的收穫，大多是書評文章。我把寫書評作為讀書的重要方法。通過閱讀他人的著作，能學到作者如何提出問題、分析問題、結構文章。更重要的是，寫書評有助於我釐清某個學術領域的研究現狀，這不僅開闊了我的眼界，也為我撰寫相關論文做好了前期的學術史回顧工作。因此，我對寫這類文章樂此不疲。通過將它們整理成書，我希望分享的一種心得是：歷史不止一種寫法。每位作者在處理研究題目時，都有自己的特色，可謂「各有靈苗各自探」。同樣是研究中國近代史，中國大陸、臺灣和西方的學者提出不同的問題，使用不同的方法，得出不同的結論，這種多樣性使歷史學更加豐富有趣。

　　本書的部分內容曾發表於《中央研究院近代史研究所集刊》、《二十一世紀》和《上海書評》，在此，對這些刊物的編輯們表達誠摯的謝意，特別是鄭智鴻先生、張志偉博士和丁雄飛先

生。在寫作過程中，我得到很多老師的指教，他們閱讀了初稿，甚至閱讀二稿、三稿，不厭其煩地提出修改意見，尤其是陳永發、吳啟訥、巫仁恕、羅久蓉、余敏玲、張啟雄諸師友，以及多篇文章的匿名評審人，非常感恩。在反覆修改的過程中，本人真確地感受到，文章是改出來的。在收入本書前，我對所有的文章，或加以修訂，或恢復了審查前的原貌，或補充了內容，盡量以姣好的面目示人。本書的出版得到香港中文大學出版社甘琦社長和林穎主編的支持，她們一直關心我的成長，希望我能在學術上有所成就，有時比我自己還着急。中央美術學院的何浩教授為本書設計了個性鮮明的封面，余敏聰先生細緻入微地編校內文，冼懿穎和林驍女士提出了富有啟發性的編輯意見，出版社所有工作人員都曾給予專業而細心的幫助，在此一併致謝。

特別感謝我的妻子葉敏磊，對我不顧在香港蝸居，拚命買書；不去寫學術專著，不停寫書評的容忍。在今天的學術成果考核制度下，書評通常無足輕重，不算成果，只有出版學術論文和專著才能得分、升等、找到好工作。這本書的另一個書名不妨叫做《放下飯碗集》，表明本人花了很多時間寫這類無益個人前程的文章，自律不夠，由着性子，破罐子破摔。敏磊是我所有文章的第一位讀者，她帶着大學出版社學術編輯的專業眼光，以及不必擔心作者找社長投訴的心態，總能提出犀利的意見。我常有一種被棒喝的感覺，帶着憤怒的情緒，發奮修改，終於提高了文章的質量。我們的兩個女兒書暖和書涯，時常抱怨我給她倆讀書的

時間太少。有很多個晚上，為了準時交稿，我鎖上房門，端起架子，讀書碼字。她們不肯睡覺，滿屋子找爸爸，彷彿倆個失學兒童，邊哭邊喊：「我要讀書！我要讀書！」

歷史不止一種寫法

讀高華這本書

我開始對歷史學產生興趣，純粹是因為讀了高華教授的著作《紅太陽是怎樣升起的：延安整風運動的來龍去脈》(以下簡稱《紅太陽》)。那時我正在北京廣播學院攻讀新聞傳播學碩士，滿腦子都是後現代主義理論，一知半解，卻彷彿拿到了一把管用的榔頭，在現實中到處尋找可以敲一錘的釘子。碩士第三年，有老師告訴我，南京大學副教授高華在香港中文大學出版了一本書，特別震撼，應該找來讀一下。這本書在內地是一本禁書，我沒有渠道獲得，着急上火。我想最好聯繫作者，看看能否借閱或購買一本。我在網上搜到高華教授的電子郵箱，冒昧發了一封郵件。一段時間後，居然收到了回信，他讓我向一位在北京的教授借閱，此人有一本高教授的贈書。

閱讀《紅太陽》一書的體驗至今難忘，彷彿古人雪夜閉門讀禁書，不亦快哉！我當時完全是中共黨史的門外漢，沒有讀過史

料，頭腦中只有教科書上的那套敘述。作為一個厭倦了官方宣傳的憤青，我尋找一切機會自我啟蒙，對任何顛覆權威、褻瀆神聖的觀點興趣盎然。高華教授對延安整風運動的解釋，完全顛覆了我的史觀，有理有據，令人興奮且信服。尤其讀到他對「毛氏新聞學」的分析，感覺他說出了中共新聞學的本質，一針見血。在北京廣播學院上「新聞學原理」課程時，我就覺得那套論述難以讓人信服，只是不知道問題出在哪裏，高華教授解答了這個疑問，我對他佩服得五體投地。跟高華教授電子郵件來往幾次並獲得鼓勵後，我決定在獲得新聞傳播學碩士後，報考南京大學歷史系博士，跟他學二十世紀中國史。

準備博士入學考試真是一件無聊透頂、卻又不得不做的事。南大歷史系博士生入學考試的指定教材是福建人民出版社出版的《新編中國通史》。該教材枯燥乏味，實在不知「新」在哪裏？我都讀過《紅太陽》了，如何還能讀得下這種教材？我選擇跟隨高華教授讀博士，就是要顛覆那套主流話語。諷刺的是，要想通過博士生入學考試，卻必須先掌握那套我想批評的官方話語，這就是我們在中國經常會碰到的「二十二條軍規」。硬着頭皮看教材外，我也尋找各種近現代歷史學專著過目。我自知非科班出身，歷史知識淺薄，亟需補課。半年裏，我讀過多本受益匪淺的好書，如茅海建的《天朝的崩潰：鴉片戰爭再研究》、王奇生的《黨員、黨權與黨爭：1924–1949年中國國民黨的組織型態》，這些書都讓我覺得史學是一門講究積累的學問，須下苦功夫讀史料才能言之有物。

　　要說印象最深的書，還是美國歷史學家柯文（Paul A. Cohen）的《歷史三調：作為事件、經歷和神話的義和團》（*History in Three Keys: The Boxers as Event, Experience, and Myth*）。翻譯的書常有一種翻譯腔，難以卒讀，但這本書我讀得津津有味，感覺美國人做歷史，有情趣、富想像力。讀完後，我覺得從中國歷史教科書中學到的關於歷史是什麼、如何理解歷史的說法，都是錯的。尤其是《歷史三調》中之「神話」面向，即歷史通常被當權者根據現實需要，不斷加以改寫，幫我想通了當下的很多問題，也與我當時正在生吞活剝的一些後現代理論若合符節。

　　當時國內的自由主義學派和新左派爭論正熾，他們對毛澤東及其領導下的中國有着不同的、甚至完全相反的解釋。高華教授也是這一論爭的參與者，他在 2003 年 12 月 12 日曾接受《鳳凰週刊》的採訪，發表了題為〈毛澤東是重大的歷史現象〉的文章，批評新左派的觀點，指出他們的立場之所以錯誤，就在於「多不是歷史學家，基本在文化批評和社會科學研究領域」。因此，我對歷史學這一常人眼中的冷門學科充滿了信心，相信到南京大學讀歷史學博士，在高華教授的指教下，就可以「客觀」、「正確」地認識毛澤東及其時代。

　　南京大學給予我的學術氛圍，自然是遠在北京廣播學院之上。博士生課程不多，我除了必修課外，主要是聽高華老師的課，無論是給本科生開的課，還是研究生的課，我一門不落都去聽，包括「中國現代史史料學」、「二十世紀的政治與文化」和「中華人民共和國史」等。在南大時，我在史學方面的收穫，大多來

自高老師。高老師對黨史有深入研究，口才卓然，常在港臺交流，對前沿的學術動態及海外學者的研究也比較瞭解，他的課不僅信息量大，還常有新意。除了本系學生，外系外校學生和社會人士也常常慕名而來。有時候為了確保坐在下面的人都是學生，而非秘密警察，高老師還會要求可疑人士出示學生證。高老師在課上主要宣講自己的研究和看法，有時也穿插一些他的朋友們的看法。因為崇拜高老師，我聽課時拚命記筆記，不肯遺漏隻言片語。他課堂上說過的話，很多我至今還記得，甚至仍能回憶起他講某句話時的體姿與表情。我這輩子聽課，從來沒有這麼投入過。他的觀點立場基本屬於國內的自由主義學派，我固然因為他是我的導師，傾向於同意他的看法，但我那時已經瞭解了一些新左派的觀點，知道對於歷史，不同派別有不同的解釋，也很想知道他的批評者（如新左派）究竟錯在哪裏？該如何反駁他們？我有時在課堂上直接問一些頗有挑戰意味的問題，再加上本人當時無知無畏，以為真正的學術討論就是要口無遮攔，必要時還應六親不認、為真理而鬥爭，使高老師有些不快。現在回想，如果能委婉一點，也許還能少一些誤會，多一些討論。

高老師出版了那本轟動一時的專著後，經常有人請他演講。他的講座，只要在南京舉行，我幾乎每場必到。那時他已被學界公認為最好的中共黨史專家之一，主辦方給他的演講題目，基本上都是關於黨史的。他對黨史的解釋與官方有很大不同，且有紮實的史料支撐，聽眾通常能獲得一種權威被顛覆、定案遭翻

轉的快感，講座總是叫好又叫座。坐在下面聽的，不僅有學生，還有不少慕名而來的教師。只是每次公開演講前，高老師都需要花幾分鐘時間作「檢討」，請求聽眾不要錄音，不要將講座內容上網，聽過就算，不要傳播，所講只是個人觀點，不同意沒關係，不要上綱上線。這自然是他不想捲入麻煩的自保之舉，是一個中共黨史研究者的無奈，更反映了該學科難以發展的困境所在。高老師的主要研究成果只能在港臺發表，觀點常被攻擊，甚至人格常遭侮辱。每次聽完講座，我都會問自己：我有必要去過這種提心吊膽的生活嗎？我如果能學會用英文寫論文，不就可以避免很多審查的麻煩嗎？

作為初學者，我經常向高老師請教研究黨史的訣竅，他建議我「多讀史料，融會貫通」。他對後現代史學有所瞭解，但還是相信歷史是客觀的。他認為研究歷史，就是通過史料的排比，找出史實真相、秉筆直書。他也很強調觀點的平衡，建議讀材料時，不要偏向一種立場，而是要看到一件事情的多個面向。他出生於1954年，父親曾是南京的地下黨，1958年被打成「右派」，遭到迫害，子女也受牽連。由於這種經歷，我覺得高老師研究中共黨史的主要目的，還是希望理解，是什麼導致了自己和家人的不幸？革命為什麼吞噬了自己的孩子？因此，他的選題往往試圖發覆為官方黨史所掩蓋或已經變成神話的歷史，揭示官方不願讓人知道的陰暗面及其制度根源，以達到以史為鑑、啟蒙讀者、推進中國的政治進步的效果。《紅太陽》就是一個在紅旗下長大的歷史學家，根據這種史觀和研究方法，所寫成的一部著

作。我從這部傳世之作中學到最多的,還是〈後記〉中的一句話:
「……跳出僵硬教條的束縛,努力發揮出自己的主體意識,讓思
想真正自由起來」。

讀洋書

因為各種原因,我沒有在南京大學讀完博士課程,我的學術
訓練主要是在美國完成的。2007年我入讀美國亞利桑那大學東亞
系,重新攻讀博士學位。我的導師名叫藍澤意(Fabio Lanza),意
大利人,哥倫比亞大學中國史博士。他當時還是一位助理教授,
沒有任何架子,把學生當朋友。藍澤意教授在政治立場上屬於
「新左派」,批評的鋒芒所向,不是中國的威權主義,而是西方的
新自由主義和歐洲中心觀。他要求我讀的書是何偉亞(James L.
Hevia)、杜贊奇(Prasenjit Duara)、高彥頤(Dorothy Ko)、劉禾
(Lydia Liu)、柯瑞佳(Rebecca E. Karl)等學者寫的有明顯理論取向
的著作,認為這些才是值得一讀的好書。我當時英語能力有限,
對美國中國史研究的語境所知不多,這些偏理論的書特別難讀,
部分論點還有點類似中共官方論述,有為批評西方而美化中國的
感覺。當時為了完成任務,免得去導師辦公室討論時不知所云,
只能硬着頭皮啃。但讀過這些書之後,我開始認識到寫中國史不
一定只是「多讀史料,融會貫通」這種史料主導、強調貫通的寫
法,也可以是將中國作為個案,來修正某種主要根據西方經驗得

出的理論。藍澤意教授現在已經出版了兩部專著，都是這種理論風格明顯的研究，並因此獲得了學界的肯定。

2010年，我轉學至賓夕法尼亞大學歷史系。我的導師叫林霨（Arthur Waldron），曾陪同前國會發言人金瑞契（Newt Gingrich）訪問中國。他當時年近七十，已經過了學術活躍期。他是美國校園裏為數不多的共和黨支持者，長期為華盛頓右翼智庫工作。美國學者們研究中國的方法不一樣，有時還大相徑庭。林霨教授對理論取向的歷史研究法嗤之以鼻，對後現代主義理論更是十分不屑，認為研究歷史要少讀理論，多讀史料，研究中國近代史的目的之一，就是推進中國的自由民主。他的研究路數跟一些中國學者頗為類似，所以我一接觸他，就覺得很親切，他推薦的書一般都是史料紮實、少用理論、文筆優美的學術著作，比較合我的胃口。他是哈佛大學訓練的學者，出版過兩本很有影響力的專著，但他的一些觀點如今被有些年輕學者批評為「冷戰風格」（Cold-War fashion），可見美國學術研究的代際更新多麼迅速。

美國學界不斷更新換代，推翻舊範式，推出新範式，年輕學者必須趕上潮流，否則很難找到發表文章的空間和就業的機會。我在賓大時，歷史系不少教授正在積極倡導「跨國史」（transnational history）這一新的研究方法，先我畢業的好幾個博士生的論文都以此為賣點。早在1980年代，賓大幾位文化研究領域的學者就已提出「transnational」這一概念，如今它擴散到歷史學領域。「跨國史」作為一種歷史學的研究方法，至今仍在發展完善中，尚無權威定

義，主要特點是挑戰民族國家作為歷史研究的對象。國家有疆域，可謂自給自足（self-contained），近代以來的歷史學基本上就是研究各個國家的歷史，如美國史、中國史、日本史等等，底色是民族主義。而「跨國史」的視角則強調，一個國家內部的特徵，深刻地受到其他國家的影響，同時也影響其他國家。因此，學者需要關注不同國家間的聯繫，勾勒這種聯繫在歷史上的興衰起伏。藉此，我們可以重新發現，因把國家作為研究對象而被忽略或邊緣化的一些處於不同國家之間（in between），或跨越貫穿（across and through）多個國家的事件、人物、組織、理念、社會制度等。民族國家的視角仍是歷史研究的主流，但「跨國史」這一方法可以深化我們對國家、地區、文明、城市、職業團體、宗教社區等似乎是自給自足的獨立實體（entities）的理解。這種跨國族歷史，有別於傳統的國際關係史，它不關注國與國之間的關係，而是強調不同歷史行動者間的互動，這些歷史行動者並不必然代表各自的國家或政府。

受「跨國史」研究方法的啟發，不少賓大教授開始關注處於國家的邊緣或國家之間的區域，關心在多個國家間流動的移民、信息、商品等。受到這一潮流的影響，我在博士論文的選題上也走向邊緣，確定研究冷戰下的新疆。我的博士論文研究1949年中共建政後新疆的去蘇聯化問題，關注的區域大致是今天的伊犁哈薩克自治州。這塊區域與蘇聯的加盟共和國哈薩克斯坦接壤，1944年在蘇聯的操控下發生過「三區革命」，建立了東突厥斯坦共和國。我的論文考察的就是在中蘇關係惡化後，尤其是1962

年發生了約七萬人從新疆逃亡到蘇聯的「伊塔事件」後，中共如何實現對新疆的有效管控：包括驅逐新疆的蘇聯領事館；迫使自我認同是蘇聯人的當地人口離新去蘇；利用新疆建設兵團的力量，沿中蘇邊界建立農場帶以鞏固邊防；封閉邊境，懲罰所謂「裏通外國分子」；修建蘭新鐵路，連結新疆和內地。通過這些措施，終於將百年來幾乎在一切方面與中亞緊密連結的新疆，強行扭轉方向，與內地統合。從這個意義上來說，新疆成為中華人民共和國的一部分不是在新中國建立之時的1949年，而是在1962年「伊塔事件」發生之後。我的研究並非所謂的「跨國史」，但如果沒有該視角的啟發，我的目光仍會停留在中國內地，而不是投向在做選題時還不曾到過的新疆。通過研究新疆的歷史，我才意識到自己對邊疆的瞭解是多麼有限，用中國中心和漢族中心的視角去看邊疆是多麼偏頗，根本無法理解邊疆居民的認同。通過這個邊緣的視角，我不僅開始閱讀邊緣的歷史，也更好地理解了所謂的「中心」。

美國的留學生涯充滿了挑戰，有語言障礙、文化震盪、經濟壓力，還有如何跟老師和同學們相處等問題。有時這些挑戰讓我覺得無力和沮喪。今天回想起來，留學生涯中，我不曾有過五關斬六將的成就感，倒是有很多敗走麥城的傷感。所幸經過了這一切，我獲得了如何從事歷史研究的一些心得和技藝。留學經歷告訴我，學術是學者間的對話，而不是做一個沒有人做過的題目，填補一個空白。即使是填補空白，我們還是要追問，這個空白為什麼沒有被別人填補過？因為沒有材料？因為這個題目本身並不

重要？還是因為其他什麼原因？寫歷史學的論文和專著時，眼中要有讀者。要考慮目標讀者關心的問題是什麼，你究竟跟哪些學者對話，你的研究定位為什麼領域的研究，中國研究、東亞研究還是全球史？如何讓讀者理解你寫的東西，而且發生興趣？另外一點，學術研究固然應該有現實關懷，但這種關懷還是應該有所限制，畢竟歷史上發生之事與今天的時事並不雷同，不可簡單類比。歷史研究應該去回答學術問題，與現實保持一定的距離。應該多學外語，外語不僅是研究的工具，只有真正掌握了這種語言，才能瞭解以該語言為母語的人的文化，更深地進入他們的歷史世界。最後，更重要的是，學者之間的關係不應該是互相競爭的零合遊戲，而是互為助力的友人。

不如無書

2017年6月我完成博士論文答辯後，去臺灣中央研究院近代史研究所做博士後研究，因為這是我心目中一個理想的做學問的地方。高華教授曾說，中國研究做得最好的地方，不是美國，而是中研院。他的書房裏長年掛着一張照片，就是他在臺灣訪學時，在中研院近史所郭廷以圖書館前拍的。當年我和南大歷史系的同門請高老師推薦一本中共歷史的教材，他讓我們讀時任近史所所長的陳永發教授寫的《中國共產革命七十年》。煌煌兩大本，論證嚴密，思想自由，觀點犀利，我讀得心驚膽跳。

中研院的確是做學問的好地方。除了郭廷以圖書館收藏的極其豐富的中、英、日文書刊，還有多個圖書館和檔案館。大量檔案及報刊資料都已實現數位化，在辦公室即可利用，實在方便。各種講座、會議、讀書會多到沒有時間參加。近史所有近三十位專任研究員，還有一些已經退休的兼任和通信研究員，他們多是術業有專攻的學者，對學術充滿探索的熱情，是我尊重的師友。

在近史所時，最困擾我的問題，是如何將中文學界和英文學界的中國研究結合起來。在我看來，臺灣學界面臨同樣的困境。所裏的研究員不少有留學英美的經驗，再加上臺灣和美國關係親近，學者對美國的文化影響持歡迎態度。有些研究員雖然以中文作為工作語言，但對話的既有學術史，以及提出的問題都是針對英文學界的。今天英文學界的主流是文化史，近史所越來越多的學者也跟上了這個潮流，此前曾一統江湖的政治外交史研究逐漸式微。我的疑惑是，如果用英文發表研究成果，與西方的既有研究進行對話，自然是理所當然。但以中文發表研究成果，對話的對象卻選擇通常只讀中文材料、不讀中文學術研究的西方學者，這樣的研究是否失焦？畢竟，學術常以語言或國家為限。不少臺灣學者也希望自己的研究成果能進入中國大陸市場，只有在那裏，他們的專著才可能銷售上萬冊，產生較大影響。通過閱讀臺灣學者的著作，大陸讀者固然能瞭解西方中國研究的現狀，但有些舶來的學術問題還是會讓人覺得隔着一層，甚至不知所謂。那些試圖回答西方問題的研究，史料的紮實程度通常非西人可比，得出的結論卻未必更高明。隨着大量西方學者的書籍被譯為中

文，翻譯質量也不斷提高，直接閱讀中文譯本成為更多大陸讀者的選擇。

在此我無意批評近史所的同仁，其實這是一個一直困擾我自己的問題：回到中文學界、用中文發表學術成果時，該如何借鑑西方的中國研究？英文學界根據自身的語境提出問題，有些問題可能具有普世性，但在多數情況下他們討論的問題未必是中文學界關心的。比如在臺灣，隨着去中國化的趨勢不斷加強，臺灣史成為國史，中國史逐漸淪為世界史的一部分，連中華民國史都已邊緣化。當下臺灣人的國族身份仍曖昧不明，學界對中國史的角色定位也任其處於模糊狀態，各自表述，不願深究。然而，無論國族認同如何，臺灣人畢竟仍是文化意義上的華人，擁有獨特的政治社會環境，跟英文語境迥然不同。如果說臺灣學者也有這樣一個難題的話，對於我這樣一位大陸人士來說，這種焦慮更加明顯。用中文發表論文時，誰是我的讀者？該與哪些學者對話？我該如何提問？哪些才是真問題？換而言之，如何將英文學界的研究重新語境化，既能利用自己受到西方訓練的優勢，又不失去中文學界的主體性？這並沒有一個簡單的答案。

我做博士後研究的接待者是研究邊疆民族史的專家吳啟訥教授，他對我的研究和生活十分關心，我心存感激。在學術方面，他常建議我去找陳永發老師。這也使得我在近史所工作的兩年時間裏，得以經常請教陳老師，有機會觀察他如何融會貫通地應用中英文學界的不同研究理路。陳永發教授是臺灣少有的研究中共的專家，也是最有成就的一位，於2004年當選為中研院院士。

他從斯坦福大學獲得博士學位，在美國從事研究多年，對英文學界的前沿研究十分熟悉。同時，他對中文材料瞭如指掌，熟讀國共雙方的史料，並已吃深吃透，心知其意。

儘管熟悉西方套路，但陳永發老師不輕易照搬，而是會放到材料中去檢驗，用常識加以判斷。只有發現西方理論對理解中國歷史有用時，他才會欣然採用。比如，耶魯大學人類學家斯科特（James Scott）提出「道德經濟」（moral economy）這一概念，陳老師認為十分符合中國社會的發展經驗，於是與班國瑞（Gregor Benton）合作，以該理論分析中國革命，於 1986 年出版了專著《道德經濟與中國革命》（*Moral Economy and the Chinese Revolution: A Critique*）。總體來說，陳老師對隨意將西方理論用於中國歷史研究總是保持警惕態度，但絕不是因為盲目排外，認為外國人一定不懂中國，而是基於自己在美國和臺灣的研究經驗。陳老師研究中共歷史，通常不是從美國或中國大陸的角度，而是從中華民國的角度來看。作為臺灣人，他將中共研究和臺灣社會現實結合，其研究也因此有了現實根基，並非凌空高蹈。他通常會將國共進行比較，研究中共的時候，常常將國民黨納入視野，他關心的大問題是：國民黨為什麼會失去大陸？中共未來能否民主化？陳老師的成名作《搞革命：華東與華中的共產主義運動，1937–1945》（*Making Revolution: The Communist Movement in Eastern and Central China, 1937–1945*）就是分析中共何以有那麼大的動員能力，最後擊敗了蔣介石。

陳老師以全球華人為目標讀者，當臺灣讀者失去對中共甚至國民黨的興趣後，他將目標讀者更準確地定位為大陸人士，

他的文章也通常選擇在香港發表，以便更容易被大陸讀者讀
到。比如，他最近一篇重要論文〈延安的「革命鴉片」：毛澤東的
秘密武器〉就發表於香港中文大學中國文化研究所出版的《二十
一世紀》第168期，意在讓大陸讀者更好地瞭解中共歷史。陳永
發老師處理中西研究的做法，對我很有啟發。我在寫研究筆記
和書評時，無論是評論中文書還是英文書，目標讀者定位為中
文讀者，也通常選擇中文讀者有興趣、能有所啟發的書加以評
論，以達他山之石、可以為錯之效。

* * *

收入本書的十篇文章大致可以分為三類。第一類為美國東亞
史研究現狀的評述。〈在中國發現歷史2.0：柯文與美國的中國研
究〉一文，通過評介柯文（Paul A. Cohen）的學術生涯和學術思想
的演變，呈現自費正清以來北美的中國研究範式的轉變：從西方
中心轉變為中國中心，再到批判中國中心，提出人類中心觀。最
後一篇〈去妖魔化：英文學界之北韓史研究〉則是關於北韓史這
個特殊領域在美國的發展情況，具體介紹了北韓史史料的利用狀
況、主要研究成果以及研究範式的轉變。通過這兩篇文章，本人
試圖強調，北美的東亞史研究有其自身的脈絡，是從北美自身的
語境中發展出來的學科，反映了一種特殊的「局外人」的視角，
與中國人研究中國史的語境是不同的。因此，中文學界在評價、

借鑑西方學界的研究成果時，一定要將其放回自身的語境中，否則難免誤讀。

第二類文章分析如何從邊緣視角研究歷史。邊緣視角是近年興起的一個重要研究方法，之前提到的「跨國史」，就是邊緣視角下的一種新方法。沒有邊緣，無所謂中心；從邊緣看歷史，往往與站在中心看到的景象大相逕庭。〈笑史：中國近代史的新寫法〉一文分析雷勤風（Christopher G. Rea）的《大不敬的年代》。通常學者研究笑的歷史，只關注著名作家和演員，雷勤風卻將目光投向晚清以來那些最低俗、最不入流的笑話，以及寂寂無名的笑話寫手和被遺忘的滑稽演員。通過分析這些笑話、寫手和演員，來探測當時中國社會的邊界所在，從而呈現晚清民國的某種社會心態。作者指出，晚清以來的中國史，不只是一部落後挨打的「痛史」，也是一部笑史；晚清民國既是一個民族危機深重的年代，也是一個笑聲不斷的「大不敬的年代」。

邊疆史和外交史也在引入邊緣視角，試圖使老話題產生新意義。邊疆總被邊緣化，民族總被少數化，這是中國邊疆史研究的一大困境。劉曉原的《邊疆中國》提出不能以「中國」限定邊疆史，而應以「邊疆」重新定義中國史。邊疆並非無足輕重，也不是由中心決定，而是有其能動性，有時反過來會影響到中心的走向。通過討論這本書，本人指出，邊緣視角並非要取代中心視角，而是與中心相輔相成，結合兩種視角，庶幾可以獲得對歷史更深入的理解。

從某種意義上，形塑社會是一個壓制邊緣人的過程。為了改變中國人「一盤散沙」的狀況，民國南京政府積極模仿西方，建

構現代社會。它通過引入社會調查等手段來瞭解和控制人口，通過發明所謂的「社會問題」，將妓女、乞丐、人力車夫、遊手好閒者這些「低端人口」，視為偏離正常社會秩序、於國家無用的「越軌者」，加以規訓。政府的干預成為解決社會問題的主要手段，導致現代國家的權力不斷擴大，而「低端人口」則成為現代化過程中的棄民。

人力車夫是最典型的邊緣人，以前長期無法進入歷史學家的視野，也沒有關於他們的歷史記載。當民主觀念進入史學、身份政治崛起後，人力車夫這個被歷史學家忽視的社會群體也成了歷史書寫的對象，學者們從現代性、城市化、公共領域，以及傳統與現代的關係等角度，為這群小人物書寫歷史。〈書寫小人物的大歷史：人力車夫與現代性研究〉一文試圖勾勒英文學界涉及人力車夫的研究概況，探討如何通過小人物研究大議題。

本書的第三類文章通過對一些專著的評析，指出國族主義或中國中心觀在從事歷史學研究時的侷限。在研究中國史時，本國學者難免持一種中國中心，或國族主義、甚至國家主義的視角。如研究戰時城市史，在國族主義視角下，淪陷時期的中國城市總被描繪成滿目瘡痍、百姓悽苦、經濟凋敝的悲慘世界，不存在繁榮的消費社會。〈戰爭下的繁榮：汪精衛政權下的蘇州〉一文評析巫仁恕的《劫後「天堂」》一書：原來蘇州這個江南名城在汪精衛政權下曾出現過繁華榮景，茶館菜館林立，旅館和煙館盛行。這個案例可以幫助我們擺脫簡單化的敘事模式，照亮歷史的曖昧模糊之處。

　　在研究海外華人史時，中國中心觀導致的盲點也很明顯。王賡武的回憶錄《家園何處是》以自己在印尼的泗水、馬來亞的怡保和民國的南京三地生活的經歷提示我們，研究海外華人，不能將他們當成中國人。作為移民，他們長期在海外生活，甚至連國族認同都已發生改變，他們的歷史不只是中國歷史的一部分，也是遷入國歷史的一部分。研究海外華人，需要將他們的歷史與當地土著的歷史相結合，書寫各族群如何共同締造了遷入國的歷史，如此方能解析其身分認同的複雜。

　　又比如研究近代中日戰爭，中文學界的一般敘事是：日本帝國主義處心積慮侵略中國，中國人民因此受盡磨難仍堅持抗日、直至勝利。傅高義（Ezra F. Vogel）則能在國家間的外交行為之外，看到更微觀層面的個人與群體間的交流與互動。他看到的中日間1500年有史可證的歷史，是一部互相學習、互相幫助的交流史。將中日關係史看作一部兩國「共同的歷史」（shared history），也有助於中日兩國解開心結，達成和解。

　　要超越中國中心的侷限，亦可借助比較研究這一史學方法。〈鍛造「新人」：毛澤東時代的大眾文化〉介紹和分析余敏玲的《形塑「新人」》一書。作者指出，形塑「社會主義新人」這一議題，是中蘇皆有的現象。1949年中共建政後即大力宣傳新人的理念與典型，通過小說、電影、教科書和音樂等多種藝術形式形塑社會主義新人。這一過程，深受蘇聯經驗的影響，但亦有不少中共自身的創造。關於中蘇的最新歷史研究指出，極權政府其實並非完全能按照自己的意願形塑社會，必須根據民眾的回應不斷調整

政策。這是極權政府面臨的一個悖論：因為缺乏社會足夠的支持，只能依靠強力來維持統治，形成一個所謂「強大的弱政府」（strong weak state）。

歷史的寫法多種多樣，不能只是清儒所推崇的考證，也不應不加批判地緊跟西方潮流，更不該硬性規定讓歷史唯物主義統攝一切。看歷史可以有多個角度，從中心或邊緣看，都有價值；從上往下看（upside down），或從下往上看（bottom up），都有意義；西方學界研究中國史時採用的西方中心觀、中國中心觀和人類中心觀也都沒有對錯，只有差異。寫法的創新，就是學術的創新。歷史研究的一個重要價值，就是幫助讀者以新的眼光審視過去。歷史的寫法有新舊，沒有優劣。應該採用何種視角，端賴哪種寫法能幫助研究者更好地呈現他們的思考，並能更好地幫助讀者理解那個已經與今人隔了時間、空間、心理三重距離的過去。[1]

1　蔡鴻生：《讀史求識錄》（廣州：廣東人民出版社，2010），頁8。

不斷挑戰典範

柯文的回憶錄見證了他對北美地區中國研究範式的不斷反思——從挑戰西方中心到批判中國中心，最終走向人類中心觀。每次挑戰，都讓歷史的寫法煥然一新。

在中國發現歷史 2.0
柯文與美國的中國研究

讀柯文：《走過兩遍的路：我作為中國歷史學家之旅》
Paul A. Cohen, *A Path Twice Traveled: My Journey as a Historian of China*
(Cambridge, MA: Harvard University Asia Center, 2019)

人健，筆更健

有一次，美國歷史學家柯文（Paul A. Cohen）在香港大學跟女友洗玉儀教授一起等候電梯時，碰到一位牧師。牧師讀過柯文的著作《中國與基督教：傳教運動與中國排外主義的發展，1860–1870》（*China and Christianity: The Missionary Movement and the Growth of Chinese Antiforeignism, 1860–1870*）。幾天前當他從洗教授那裏得知，柯文不久將來訪香港，曾大驚失色。他一直以為，柯文早已離開人世，進了天堂！

柯文自嘲，人們之所以誤會，是因為他出道太早。柯文生於1934年，哈佛大學博士，師從費正清（John K. Fairbank）和史華慈（Benjamin I. Schwartz）這兩位美國中國研究領域的第一代學者，後長期任教於衛斯理學院，曾任哈佛大學費正清中國研究中心主任。2000年退休後，他卸下教職，專心研究。柯文的第一篇跟中國有關的論文發表於1957年，首部專著《中國與基督教》於1963年由哈

佛大學出版社出版，於今已過半個多世紀。此後，他陸續出版了五本專著，每本都是相關領域的重要著作。其中，《在中國發現歷史：中國中心觀在美國的興起》(*Discovering History in China: American Historical Writing on the Recent Chinese Past*) 和《歷史三調：作為事件、經歷和神話的義和團》(*History in Three Keys: The Boxers as Event, Experience, and Myth*) 影響尤大，是中國研究的經典之作。《歷史三調》甚至跨出中國史領域，成為美國歷史系研究生方法論課堂上的必讀書。

2019 年，柯文出版了回憶錄《走過兩遍的路：我作為中國歷史學家之旅》(*A Path Twice Traveled: My Journey as a Historian of China*)。一位著名學者在 85 歲高齡出版回憶錄，是一件最自然不過的事，但柯文的用意不止於此。作為中國研究領域的重要學者，他試圖和同行分享自己從事歷史研究得到的愉悅和滿足，以及對六十年來自身研究理路的反思。更重要的是，從事中國研究半個多世紀後，他發現中美兩國歷史間的差異遠比自己初涉歷史研究時所認為的要小得多。

柯文強調，自己寫的這本書是回憶錄，不是自傳，因為書中涉及的主要不是私事，而是自身學術生涯及學術思想的演進。當然，讀者還是能看到作者個人的際遇，比如他如何得益於費正清、史華慈兩位導師，如何與中國同行交往，以及《在中國發現歷史》書稿曾被哈佛大學出版社在內的多家出版社拒絕的挫折。但本書的核心內容，是柯文對自己每部專著如何構思、挑戰何種前提預設、與何種議題進行對話、出版後學界的接受情況等問題的自我剖析。既具體而微地展現了個人學術思想演變的過程，又

反映了美國的中國史研究從二戰後創立到今日蔚為大觀的發展歷程。學者們在持續挑戰各種典範，提出新問題，使用新方法，關注新論題，得出新結論，從而在學術上推陳出新。如果說《在中國發現歷史》是對美國的中國研究從二戰後到1980年代的學術史的批評性總結，那麼這本回憶錄可以說是柯文將該批評性總結更新至當下的一個2.0版。

　　柯文學術思想演變的動力，主要並非來自新材料的發掘，而是來自西方語境中新議題的促動。曾任費正清中心研究員的林同奇，是介紹柯文學術思想最重要的中國學者。作為柯文的知己，他不僅將《在中國發現歷史》這本理論性極強的英文專著翻譯為清通可讀的中文，還對柯文的學術思想進行了深入的分析，可惜其評介只到《歷史三調》為止。本文參考了林同奇的《人文尋求錄》，[1]但略其所詳，詳其所略，希望能比較完整地呈現柯文一生學術關懷的演變脈絡，以及中國研究在美國的大致發展趨勢。

從西方中心觀到中國中心觀

　　柯文最為中文讀者熟悉的著作是《在中國發現歷史》，該書的核心觀點是他宣導的「中國中心觀」。因極大滿足了近年來中

1　林同奇：《人文尋求錄：當代中美著名學者思想辨析》(北京：新星出版社，2006)，頁226–76。

國史學界因民族自信增強而試圖與西方學界爭奪學術話語權的需要，「中國中心觀」幾乎成為一句口號。但柯文鼓吹「中國中心觀」，實則與中國學者的需要無關，而源自其對1950至1960年代主宰美國中國研究領域的「西方中心觀」的反思。在回憶錄中，柯文通過剖析自己寫作的運思過程，詳細展現了個人研究視角的變化軌跡及其前因後果。

　　柯文批判了三種「西方中心觀」。第一種是以費正清為代表的「衝擊－回應模式」（impact-response model），該理論認為，自晚清以來，在中國歷史發展中起主導作用的因素或主要面向是西方的入侵。第二種是以列文森（Joseph R. Levenson）為代表的「傳統－現代模式」（tradition-modernity model），認為西方是一切現代社會的範本，中國近代史也必將以西方為楷模。該模式認為西方入侵前的中國是一個停滯不前的帝國，朝代不斷更迭，但實質的進步微乎其微。中國的文化傳統與現代社會格格不入，成為現代化的阻礙。只有在被西方打敗後，中國才終於開始沿着西方走過的路，逐漸實現現代化。第三種則是「帝國主義模式」（imperialism model），指認帝國主義是中國近代史上各種災難的主因，近百年來中國遭遇的各種不幸，禍根都在帝國主義。在柯文看來，儘管西方對中國的影響不可小覷，但這三種模式都過分誇大了西方的歷史作用。這些模式聲稱，中國近代發生的任何有意義的變化，都是在西方衝擊下產生的。同時，三種模式都把近代西方的工業化視為一種理想狀態，認為中國社會內部永遠無法產生工業化的可能，只有等待西方入侵來提供工業化的條件。柯

文認為，這些模式忽略了從中國內部尋找現代化的可能性，其背後的底色其實是西方的種族優越感，最終把中國近代史研究帶上了一條狹窄的死路。

柯文對「西方中心觀」的批判，始於 1963 年出版的專著《中國與基督教》。該書通過研究 1860 至 1870 年代發生的教案，考察了中國排外主義形成的歷史，從而試圖找到毛澤東時代中國人對西方，尤其是對美國之敵意的歷史根源。在寫作該書時作者深受導師費正清的影響，在相當程度上仍是西方中心視角，即相信當時中美之間的衝突，美國是無辜的，屈在中國。但作者已經開始了對「衝擊－回應模式」的反思：比如，之前西人研究傳教士在中國的歷史，往往將其作為西方傳教史（missions history）的一部分。二戰後，中國史作為一門獨立的學科正在美國興起，柯文在書中強調，在中國傳教的歷史不應作為西方史的一部分，而是中國史的一部分，這在學科主體性上邁出了反思「西方中心觀」的第一步。以傳教士在中國的經歷為例，柯文指出「衝擊－回應模式」只強調西方如何影響中國，中國如何加以回應，卻忽略了中國如何影響西方，西方如何回應這一面向。他指出，來到中國後，西方傳教士一變為「外國」傳教士，這一身份的變化很大程度上決定了這些人會對中國的環境作出何種回應。傳教士們大多熱愛中國人，關心他們的屬靈生活，這種熱愛和關心使其更加急切地想把更多的中國人變成基督徒，也導致他們對中國文化進行了激烈的、不留餘地的批評。中西之間的接觸是一種互動，不只是西方主動衝擊、中國被動回應，而是互相影響。

　　《在傳統與現代性之間：王韜與晚清改革》(*Between Tradition and Modernity: Wang T'ao and Reform in Late Ch'ing China*) 一書，則以研究晚清思想家王韜來批評「西方中心觀」。學界習慣將中日兩國的現代化進程加以比較，日本的明治維新常被視為成功的典範，而中國的洋務運動則是一個失敗的案例。柯文則認為，現代化不是賽馬，這種跨文化比較頗有問題，因為中日在該議題上並不具備可比性。他引述美國日本研究的成果，指出在明治維新前，日本已經開始了現代化的進程，因此和中國並沒有共同的「起跑線」，並不可比。柯文認為，「以內在參考點作為衡量十九世紀中國的變化尺度是一種更加恰當有效的方法」，比如將1900年代的中國與1800至1840年代的中國進行比較，才可以理解晚清產生的變化有多深多廣。換言之，他認為衡量中國的現代化不應採用外部標準，而應採用「內在取向」，自己跟自己比。

　　再進一步，柯文對當時學界流行的「傳統－現代」二分法提出了質疑，王韜的很多思想，其實無法作這樣的二分。當我們用這種二分法去看歷史時，容易忽略那些無法貼上「傳統」或「現代」的標籤、卻頗為重要的歷史現象。同時，二分視角過於強調中西文化的差異，將不同之處誇大為「獨特之處」，中西文化間的相似之處，即使有重要的歷史意義，也容易被研究者忽略。比如王韜比較了儒學與基督教，認為兩者「其道大同」，提出中西思想存在相似性，但這一面向通常為堅持二分法的學者所忽略。柯文認為，「西方衝擊－中國回應」的過程遠比之前所認為的複雜，一種全面的創新，最終還是需要以一定的傳統因素作為依託，才

能落地生根。晚清那些深受西方文化影響的沿海口岸的改革者，他們的思想與中國的社會現實差異甚大，只有投入李鴻章那樣深受傳統影響、但較為開明的官員門下，利用其政治權力，甚至向傳統做出較大妥協，才能將改革落地，並擴散至內地。[2] 因此，將傳統和現代對立是一種簡單化的做法，歷史上更普遍的現象恐怕還是現代觀念借助傳統才得以成功。傳統未必是現代化的障礙，倒有可能是現代化的依託。《在傳統與現代性之間》一書挑戰了「西方中心論」，但柯文後來指出自己當時仍為該範式所侷限。在此書的中文版序言中，他承認書中過於強調沿海在中國近代的作用，因此誇大了西方的衝擊對中國產生的影響。如果今天再處理該議題，他會更強調中國內在因素對現代化的影響。

柯文出版的頭兩本專著中，已經表現出對「西方中心論」的不滿，但對此範式進行全面檢討則是 1984 年出版的《在中國發現歷史》。這一反思不僅源於柯文個人觀點的變化，更是時代影響史家的結果。1960 年代美國捲入越南戰爭後，美國人開始意識到現代化不只意味着繁榮、富足，也可能意味着對弱小國家的欺凌，甚至是屠殺。因此美國的影響並不總是正面的，並不能總是能按照美國的意願改變世界。此時，歐洲的殖民帝國已然解體，亞洲開始崛起。這些政治因素都促使美國學者反思西方中心主義，強調非西方國家內部因素的重要性。柯文提出的「中國中心

2　參考雷頤：〈超越傳統與現代 —— 柯文論王韜與中國晚晴改革〉，《二十一世紀》，第 16 期（1993 年 4 月），頁 63–67。

觀」並非個人獨創，而是1970年代以來美國逐漸發展起來的一種
學術趨勢。但在中國研究領域，他是第一位對這一趨勢做出明
確、系統概括的學者。「中國中心觀」有多層含義，最主要的一
點，是強調從中國而不是西方的角度着手研究中國史，應採取中
國的、而不是西方的標準決定中國史中何種現象具有歷史重
要性。柯文強調，應該把注意力更多地集中在中國十九世紀後半
葉出現的內傾性變革，如商業發展、城市化加速、地方精英崛
起等。

　　學者的視角發生了這種轉換，也就深刻改變了北美中國研究
領域的趨勢。費正清的「衝擊－回應模式」被迅速拋棄，1980年
代以來北美出現的重要作品，都取「內部視角」，強調自身因素
才是中國近代以來變化的主因。最成功地將這一視角帶入研究的
學者，是哈佛大學的孔飛力（Philip A. Kuhn）教授，他研究的重
點不在中西交流，而是中國的地方及下層政治。如其專著《中華
帝國晚期的叛亂及其敵人：1796–1864年的軍事化與社會結構》
（*Rebellion and Its Enemies in Late Imperial China: Militarization and
Social Structure, 1796–1864*），從民兵組織演變及地方軍事化發展
的角度，考察中華帝國晚期農村社會的結構性變化。他另一本更
有影響力的著作《叫魂：1768年中國妖術大恐慌》（*Soulstealers: The
Chinese Sorcery Scare of 1768*），則從「叫魂」這一基層社會的文化現
象入手，揭示「乾隆盛世」潛藏着帝國的深刻危機。在採取「內部
視角」的學者看來，中國近代發生的這些變化，主要是基於一種
內在的理路，而不是西方的衝擊。既然中國近代發展的動力主要

來自內部，那麼中國近代史的開端就不應該是西方列強擊敗清帝國的鴉片戰爭，而是發生在咸同年間、持續十多年、對中國造成巨大破壞的太平天國之亂。

從中國中心觀到人類中心觀

在「中國中心觀」成為美國學界的共識後，柯文又開始反思該視角的諸多侷限。比如，中西歷史的比較，固然不應該預設西方的道路是唯一普世的，然後追問「中國究竟出了什麼問題」，但也不應該採用中國中心觀，而應該像王國斌（R. Bin Wong）或者彭慕蘭（Kenneth Pomeranz）那樣，進行雙向比較（two-way comparisons），提出這樣的問題：既然十八世紀時歐洲與中國的相似性遠高於十九和二十世紀，那麼是什麼原因導致歐洲在1800年之後在經濟發展上出現了如此劇烈的變化？「中國中心觀」也不適用於亞洲這一區域的研究，儘管中國是該區域的重要國家，但其他國家的作用也不應被忽略，濱下武志就提倡以區域視角（region-centered approach）取而代之。研究非漢民族的歷史，中國中心論也有諸多不合之處。如早前的清史研究認為，清朝之所以有如此長久的承平盛世，在開拓疆域等方面成果卓越，是因為滿人被成功漢化、接受了漢人的制度。但如今最有影響力的新清史學派，則認為清朝的成功主要是其「內亞性」，應該拋棄中國中心，採用「清朝中心」（Qing-centered）或「滿族中心」（Manchu-centered）

視角。從滿族的角度看晚期中華帝國，和漢人視角所看到的圖景大相徑庭。從「中國中心觀」看海外華人的移民史，也會造成很大的問題。長期居住海外的華人，有的已經在當地入籍，有的甚至不再認同自己是中國人，他們的歷史不只是中國史的一部分，更是移入國家和地區歷史的一部分。

由於意識到「中國中心觀」的限制，柯文的視角開始轉向「人類中心觀」。這一視角的調整，在其研究中起碼體現在兩個方面：一是在研究中國史時，柯文強調中國人與西方人的相通之處；二是他關心的學術問題不再侷限於中國史領域，而是超越國別史，來考察歷史學本身。柯文的這一變化在《歷史三調》中已經開始呈現。該書研究義和團的歷史，但只是將其作為個案，他所要探究的問題實際上超越了中國史，主旨在於我們如何理解過去。《歷史三調》提出了三種探索過去的途徑：過去可以作為事件（event）為史家所重構，可以作為某種經歷（experience）為親歷者所瞭解和記憶，也可以作為迷思／神話（myth）為後世所利用、服務當下的需要。這三種途徑可以用來理解絕大部分歷史現象。對於義和拳民這一在西方歷史書寫中「愚昧、反基督教、反現代科技、魔鬼般殘酷、極端排外、極端迷信」的群體，作者視其為與西方人無異的、有血有肉、有自己宗教信仰的普通人，強調義和拳民與歷史上西方人在類似環境下的作為有相似性。

強調人類中心觀，其實是將視角從文化決定論（cultural patterning）向普遍人性決定論（universal human patterning）過渡。人類的言行究竟是由文化決定的，還是由人性決定的？前者強調

不同文化所化之人，言行不同，因此文化因素對歷史有決定性影響，而後者則強調文化所造成的差異並不重要，人性所具有的普世性才是決定言行方式最主要的因素。在西方的語境中，強調中西文化差異，其背後的預設，就是認為西方文化代表民主自由，而東方文化是專制獨裁的。在柯文看來，將文化本質化，是一種深刻的西方中心主義、甚至是種族主義，應該擯棄。從研究王韜開始，柯文就注意到中西文化的相同之處，自此以後，弱化文化差異、強調普遍人性，是其著作一以貫之的主題，也是這本回憶錄試圖分享的主要心得。和不少同時代的美國同行一樣，柯文放棄了 1960 至 1970 年代一度風行的將歷史學與社會學相結合的做法，因為社會學的底色是西方中心的現代化理論。他轉而將歷史學與人類學相結合，借鑑人類學的理論和方法，因為人類學相對更尊重地方性知識，尊重他者的經驗。

故事的力量

柯文後期的兩部著作都在討論歷史與故事之間的關係。在寫作《歷史三調》時，他就着迷於中外人士講述的各種關於義和團的故事，無論是真實的故事，還是謠言和迷思，開始去研究歷史如何作為故事被講述（story-telling aspect of history）。《與歷史對話：二十世紀中國對越王勾踐的敘述》（*Speaking to History: The Story of King Goujian in Twentieth-Century China*）探討的就是這個問題。

　　越王勾踐「臥薪嘗膽」的故事在中國可謂婦孺皆知。根據柯文的研究，勾踐的故事有四個關鍵主題：第一是恥辱；第二是復仇；第三是忍耐；第四則是在經濟和軍事上進行國家重建。他發現，在不同的歷史時期，根據不同的需要，勾踐的故事被不斷改寫。從晚清到抗戰，國恥成為重要議題，民國政府特別成立國恥日，以喚醒國人的羞恥心。報紙、雜誌、海報，甚至香煙廣告都在做勾踐的文章。蔣介石也以越王為榜樣，以圖雪恥，他擔任校長的黃埔軍校的牆壁上還有「臥薪嘗膽」的標語。1949年國民黨失去大陸、撤守臺灣後，蔣介石及國民黨仍然經常訴諸勾踐的故事，但強調的重點從忍辱負重變成勾踐最終打敗夫差，復興了越國。這一改編自然是為了表達蔣介石及國民黨能成功「反攻大陸」。1960年代的臺灣海峽對岸，大饑荒及中蘇分裂後，勾踐的故事也被改編成戲劇，用來鼓勵大陸人民要如勾踐那樣「發奮圖強」。1962年，時任文化部長的茅盾出版了一本專書，主題思想即要求國人自力更生，變弱點為優點，在蘇聯人面前爭口氣，就像勾踐一雪吳國施加於自身的恥辱一樣。

　　進入1980年代，勾踐故事中的民族主義面向得以保留，尤其在1990年代大力推行愛國主義教育時，勾踐的故事仍是很好的宣傳材料。當時腐敗逐漸成為社會問題，勾踐的故事也發生了一個新的變化，它開始被用來批評政府官員的腐敗行為。不是勾踐，倒是夫差變成了主角，用他來警告官員，腐敗將會導致亡國的厄運，夫差的吳國就是前車之鑑。隨着市場化改革的深入，勾踐故事激勵着人們在遇到困難時，只要不輕言放棄，

就一定能夠成功。勾踐故事的這一功用並不新鮮，但此時它被用來激勵個人的成功，而不再是集體的成就。當發展經濟成為各級政府工作的重中之重，各地都在利用當地的文化資源拉動旅遊經濟，勾踐的故事也成為一項重要的文化產業，被編成戲劇、拍成電視，更成為紹興政府推動旅遊產業的文化符號。為吸引眼球，勾踐的故事中加大了美人西施的戲份，她和范蠡的情感糾葛成為最有賣點的重頭戲。整個二十世紀，勾踐的故事被各方改編，古為今用。

歷史能改編成故事、為當下服務的這一特質，是人類共有的現象。柯文2014年出版的專著《歷史與大眾記憶：危機時刻故事的力量》(*History and Popular Memory: The Power of Story in Moments of Crisis*) 就是探討人類如何利用歷史上的故事，化解危機。通過揭示歷史與故事之間的這種對話關係，他試圖將該書寫成一本全球史，中國只是其中的一部分。該書共五章，勾踐的故事只是其中一章，其他四章分別討論巴勒斯坦和以色列史、塞爾維亞史、法國史、蘇聯史以及英國史中類似的歷史現象。比如，在二十世紀，塞爾維亞族不斷利用1389年發生的科索沃戰爭來強化民族主義；猶太人則利用聖地瑪薩達 (Masada) 的淪陷這一故事加強身份認同；二戰期間法國淪陷後，與納粹德國合作的維希 (Vichy) 傀儡政權和戴高樂領導的抵抗組織同時利用聖女貞德 (Joan of Arc) 的故事來獲取政權的合法性；蘇德戰爭爆發後，蘇聯的電影將一位生活在十三世紀的俄國王子亞歷山大‧涅夫斯基 (Александр Невский) 塑造為民族英雄，鼓舞全

國軍民的士氣；二戰末期，英國政府將亨利五世的故事搬上銀
屏，為戰爭中飽經苦難的國民打氣。柯文指出，並非歷史上發
生的所有事件都適合被改編以服務現實需要，被選中的事件往
往具備某種隱喻的特質，以及象徵意義，並包含能夠不斷被改
編的元素。這些故事與史實並不相符，但故事的主線常能被保
留，重點則隨時勢改寫。就像勾踐的故事在二十世紀中國的危
機時刻所發揮的作用一樣，這些故事為處於危機中的人們提供
了一個他們所希望看到的結局，並給他們許諾了一個更美好的
未來。

　　講故事是人的天性，敘事（narrative）能力是人的一種基本技
能，我們的頭腦總是可以將發生在身邊的事情編成一個個故
事。人類是一個記憶的共同體，通過對歷史的記憶，通過持續
講述那些歷史故事，將彼此聯繫在一起。共用某些故事的人群
的範圍，就是共同體的大小，因此故事能劃定共同體的邊界、
定義空間。柯文認為，一個共同體成員中所流傳的故事，在任
何時候都可以作為一種特殊的文化語言，在危機時刻成為交流
的媒介。危難發生時，當共同體中的某個人或某些人對未來心
懷憂慮時，這些故事提供了一個可以打消他們顧慮的話語平
台。在討論歷史與故事的關係時，柯文又提出了「真的故事」
（real story）和「對的故事」（right story）的區分。正如王國維指出
的「可愛者不可信，可信者不可愛」，人們在危機時刻尋找的「對
的故事」，往往與歷史學家筆下的信史相去甚遠，卻常是流傳最
廣、最有生命力的。

　　那麼，何謂歷史？有史家將對歷史的利用，尤其是將歷史變成「迷思」，看成是對歷史的濫用。[3] 柯文對此保持了一個比較開放的態度，《歷史三調》即提出，瞭解過去的方式不止一種。他更是對史家是否能接近歷史的真實有深刻的反省，提出了「兩種歷史」(two histories) 的概念，一種是過去發生的真實的歷史，另一種是今天研究者重構的那套歷史敘事，兩者並不等同。他之所以將回憶錄取名為《走過兩遍的路》，就是表明，他今天所重述的學術歷程，和他當初親歷學術生涯時的視角是不同的。他當時並不清楚將來會發生什麼，寫回憶錄時，已是事後諸葛亮。回憶錄也是一種歷史寫作，這究竟是一種重構，還是一種建構，柯文似乎未有確定的答案。他認為歷史研究者應該是「通曉多種語言的人」(polyglot)，既能懂得過去的「語言」，理解過去人們的所思所想，也能用今天的「語言」，將過去的事情用今天人們能理解的方式加以表述，有能力溝通過去 (then) 和現在 (now)。但柯文顯然對歷史學家理解過去的能力有所保留，認為隨着研究範式的轉移，歷史學家固然在不斷打破舊的迷思，但同時又在建構新的迷思。

3　　Margaret MacMillan, *The Uses and Abuses of History* (NewYork: Penguin, 2008).

局外人的洞見

作為研究中國歷史的美國人，毫無疑問，柯文是中國文化的局外人（outsider）。如何評價局外人視角？中國學者中常有人貶斥研究中國的西方學者，認為他們是外國人，中文不是母語，不在中國長大，因此不懂中國。但一個有趣的現象是，大量的海外中國研究成果被翻譯成中文，其中不少論文和專著成為中國學者模仿學習的範本，比本土學者的研究著作更受追捧，如何解釋這一矛盾的現象？

局內人和局外人之間的關係一直是柯文討論的重要議題。當提出「中國中心觀」時，他顯然是在批評西方同行的局外人視角，認為這種局外人的視角，是一種西方中心的偏見，妨礙了學者理解中國的深度。因此，他認為西方人應該採用局內人的視角，應該和中國人自己看中國史那樣來解讀中國歷史，局外人視角越少越好。當意識到「中國中心觀」存在的侷限後，他又開始重新思考局外人視角的價值。寫作《與歷史對話》一書，就是試圖通過「臥薪嘗膽」的故事，揭示局外人視角的價值。作為局內人的中國人因為對勾踐的故事太過耳熟能詳而視之為理所當然，而作為局外人的柯文卻能將勾踐的故事「陌生化」，發現了該故事在二十世紀隨現實需要被不斷建構的過程。同時，作為熟悉西方歷史的學者，他能將勾踐的故事放入全球視野，發現它與其他文化中類似歷史故事的相似性，從而指出某些中國人認為是中國特色或獨一無二的現象，其實是很多國家共有的，甚至是一種全球現

象。在這些方面，局外人的洞見是中國人自己在研究中國歷史的時可能無法做到的。換句話說，西方人在研究中國歷史時的局外人特性（outsiderness），可以是一個巨大的優勢。

柯文的回憶錄不僅展示了其個人學術思想發展的歷程，也從一個局內人的視角，勾劃了美國的中國研究從初創時期到今天的大致發展脈絡。他的回憶提醒我們，當我們閱讀西方的中國研究著作時，要意識到這是「局外人」在研究中國，應將其放入西方的研究脈絡中，用西方的標準，才能更好理解其問題意識從何而來，跟誰在對話，從而公允地評價其學術貢獻，以及確定究竟應該從中學習借鑑什麼。柯文對自己每本著作的寫作過程的剖析，也說出了一個道理，好書並非從天而降，而是精心構思的結果。

這部回憶錄的美中不足之處，就是大部分篇幅都在談作者自己的研究，對美國當時的學術制度、政治經濟環境和社會氛圍談得不多。畢竟，在柯文的研究生涯中所發生的範式轉移，不限於中國研究領域，美國的其他研究領域也發生了類似變化。無疑，時代氛圍影響着史家的觀點，儘管史家自己未必能清楚地意識到這種影響。這一點，也許作為「局外人」的讀者能看得更清楚。

本文原載於《上海書評》，2019 年 12 月 14 日。

走出「痛史」

中國近代史常被表述為一部血淚史，充斥着敗戰、國恥、苦難和悲痛。然而，清季民國的國人還有一種喜劇化的表達方式——把歷史「當作一連串的笑話」。數千年未有之變局，因此亦成為有多種笑法的「大不敬的年代」。

笑史
中國近代史的新寫法

讀雷勤風（Christopher G. Rea）著，許暉林譯：
《大不敬的年代：近代中國新笑史》
（臺北：麥田出版社，2018）

　　聽說，二十世紀頭四十年的中國很不正經。街頭、茶館、書房盡是傻笑、玩笑、嘲笑、竊笑、捧腹大笑。報紙、雜誌上充斥喧鬧、嘲弄、輕薄、粗話、荒謬、惡作劇。文人們在真誠地胡鬧，放肆地搗蛋，打破規矩，反抗權威，嘲笑頑固，褻瀆神聖，追求樂子。這是加拿大英屬哥倫比亞大學教授雷勤風（Christopher G. Rea）所描述的清季民國的文化世界，極度開放，充滿實驗色彩。一言以蔽之，那是一個「大不敬的年代」。

笑與淚

　　晚清以來的近代史常被表述為一部血淚史，充斥着敗戰、國恥、割據、苦難、悲痛，時代主題即李澤厚所謂「救亡壓倒啟蒙」。西方的中國文學史書寫亦不例外，頗受文學常常是那些以「痛苦」為底色的作品，中國近現代文學史被寫成一部「痛史」。

美國學者白睿文（Michael Berry）研究中國現代文學的著作記錄了
十九世紀以來中國所經歷的一連串創傷，王德威亦強調歷史遺留
的暴力如何宰製了現代文學的主題，王斑則乾脆把現代中國的歷
史比成積累多年的一堆殘骸。[1]「痛」固然是中國人面對伴隨船堅
炮利而來的現代化的一種重要體驗，值得大書特書，但在這一主
流經驗下，是否還有另類甚至更重要的體驗呢？加拿大英屬哥倫
比亞大學的雷勤風教授認為，清季民國面對現代性，還有一種喜
劇化的表述方式，即把歷史「當作一連串的笑話」。笑與淚是硬
幣的兩面，正如晚清文人吳趼人既寫了一部《痛史》，亦寫了一
部《新笑史》，「不見得因為有苦難所以不需要笑聲，有時苦難甚
至正需要笑聲」（頁28）。

　　這本獲2017年列文森獎的《大不敬的年代：近代中國新笑
史》將被忽略的「笑」重新放回二十世紀前四十年的歷史文化脈絡
中，試圖回答：那個時代的「中國人如何笑？」「笑什麼？」「如
何談論笑？」「什麼導致了笑的變化？」（頁44）為此，作者將長
期被「痛」邊緣化的「笑」作為敘述中國近現代史的中心，並採用
了新的歷史分期法，不只以大清覆滅或五四文學運動為歷史之轉

1　　Michael Berry, *A History of Pain: Trauma in Modern Chinese Literature and
　　Film* (New York: Columbia University Press, 2011); Ban Wang, *Illuminations
　　from the Past: Trauma, Memory, and History in Modern China* (Stanford:
　　Stanford University Press, 2004).

捩點，更以笑的歷時性變化為文學史分期。作者意在重寫一部現代中國文學史，或其自詡的「新笑史」。

「新笑史」究竟新在何處？要回答這個問題，我們要先談英文學界的「舊笑史」是什麼樣的。這是《大不敬的年代》對話、批評的對象。新笑史之新，首先在於研究笑的材料的極大擴充。此前英文學界的中國幽默研究，討論的對象主要是老舍、魯迅，最近還有林語堂的作品、豐子愷的漫畫，以及侯寶林的相聲。雷勤風指出，其實有太多可以用來研究中國幽默的材料學者們尚未利用，該書附錄列出從1900年到1937年出版的中文幽默笑話文集清單就多達一百多本。當然，雷著利用的文本不止於笑話集，還有漫畫、電影、傳記資料、學術著作、辭典、廣告等出版品。這既得益於作者勤於收集，亦是因為將低俗幽默的新視角引入了中國笑史研究。無論從視角上還是風格上，作者承認，對他啟發最大的就是英國歷史學家維克·加特賴爾（Vic Gatrell）的《笑之城：十八世紀倫敦的性與諷刺》（*City of Laughter: Sex and Satire in Eighteen-Century London*）。[2] 該書關注的話題是，哪些故事、玩笑、諷刺讓英國喬治王時期（1714–1837）的貴族們覺得可樂？作者專注的不是那些品味優雅、可以讓上層階級引以為傲的幽默，

---

2 Vic Gatrell, *City of Laughter: Sex and Satire in Eighteenth-Century London* (New York: Walker Books, 2006).

而是那種英國式的惡毒嘲諷。這種嘲諷通常下流、世故、渾身是刺，話題下三濫至不離性器官、便溺、放屁、偷情、醜聞、發酒瘋。品味低下的幽默，既能幫我們瞭解社會的另一面，亦能幫我們探測到一個社會在某個時代的道德邊界。要研究低俗的幽默，那些放在大英博物館裏一直少人問津的低俗諷刺畫，倒成為最好的研究材料。人們總是習慣於研究優雅的趣味，但當我們將眼光投向一個時代最粗俗的舉止、最低俗的藝術形式時，亦可能別有洞天：這是《笑之城》對幽默研究的一個啟發。將笑的品味從優雅擴充至粗俗，雷勤風書中所講的故事的主角，就不只是廣為人知的文化名人，也包括「乖僻的詩人、雜耍企業家、知名詈罵者、矯揉造作的散文家、眨着眼的滑稽演員和自我吹捧的玩笑者」。新眼光和新材料，給中國笑史賦予了新意。

《笑之城》除了要寫一部英國的幽默滑稽史，更意在刻畫喬治王時期英國社會的心態。當描述貴族們在酒館裏傳閱畫着女人大屁股的諷刺畫並高聲談笑時，作者想告訴我們，一種對待性、名人和諷刺的新態度正在英國社會產生，而這些放肆的舉止為道德保守的維多利亞時代（1837–1901）的到來提供了可能性。《大不敬的年代》亦有描摹社會心態的意圖，通過呈現二十世紀前四十年中國人的笑，雷勤風意在重構在現代化所造成的陣痛中，一部分中國人如何用一種玩世不恭的方式，不僅熬過去，還能從中找出點樂子。

笑為先

通過研究十九世紀初年問世的小說《鏡花緣》中的幽默，黃克武試圖瞭解在鴉片戰爭之前，中國人如何談笑。[3] 雷勤風無意中接着黃克武的研究做下去，探討了中國文化受到西力影響、國人心態發生深刻變化後，談笑的方式究竟發生了怎樣的改變？《大不敬的年代》指出，在二十世紀前四十年，深受世界潮流的影響，蓬勃興起喜劇的形式多樣，無一種形式處於宰製地位，甚至對什麼是「笑」都不存在定於一尊的共識，嘈雜喧鬧的多聲部中實孕育着多種可能性。

笑的材料擴充之後的問題是，如何將這些龐雜的材料條理化？處理幽默文學的傳統方式是以人物為中心，雷勤風則以關鍵詞整理材料，列出了當時最具代表性的五個關鍵詞：笑話、遊戲、笑罵、滑稽和幽默。這五種喜劇形式共時性地並存，互相交叉且互相影響。作者在書中也提出了一個新的中國歷史斷代法——以笑為中心，以遊戲、滑稽、幽默等喜劇形式的變化作為劃分的標準。除了學界普遍接受的以重大政治事件與政權更迭為標準的近代史分期外，作者認為新笑史也要突出十九世紀晚期小報媒體的興起，以及1930年代以幽默促進中國文明進展的努力。這些事件似乎不具備明顯的政治重要性，但深刻地影響了中

3　黃克武：〈「鏡花緣」之幽默：清中葉中國幽默文學之分析〉，《漢學研究》，9卷1期（1991），頁353–99。

國人如何笑。雷勤風筆下的新笑史開始於小報媒體的興起，終結於1933年這一「幽默年」。作者認為「幽默年」之後，中國人的笑開始走上了不同的路徑，這將是他要寫的下一本書，從1930年代談到1950年代，所謂「新中國」的幽默。

五大笑法

李孝悌曾發現，義和拳亂之後，為了開啟一般無知「愚夫愚婦」的智慧，白話報紙大量出現，可以說清末的下層社會啟蒙運動開始於1901年。[4] 為達啟蒙一般人之效，精英們放下身段，在報刊內容的通俗上下足功夫，這無疑給了喜劇絕好的機會。吳趼人在《新笑林廣記·自序》中曾說，「竊謂文字一道，其所以入人者，壯詞不如諧語」，寓意好笑才能發揮最大作用。為將笑話從純粹的娛樂工具提升為社會改良的工具，吳趼人提出「笑話小說」一詞，試圖利用小說當時的威望，將笑話與小說連接，以達改造時風的成效。如晚清的譴責小說《二十年目睹之怪現狀》，就是所謂「笑話小說」，以笑話貫穿了整部小說。同時，1905年科舉廢除，使文人斷了學而優則仕的念頭，不少人為小報媒體供稿謀生，寫笑話是一種職業。《大不敬的年代》一書指出，從晚清到

---

4   李孝悌：《清末的下層社會啟蒙運動，1901–1911》（臺北：中央研究院，1992），頁15。

民國，一股笑話潮長盛不衰，「笑話」一詞取代以前常用的「笑言」、「笑談」、「解頤」等詞彙，被廣泛使用。民國報刊上充斥笑話，副刊、專欄中的笑話既是賣點，亦為補白的好材料。晚清的笑話主要是趣事軼聞，民國的笑話則主要是文人編寫的、類型化的笑話書。雷勤風指出，在民國早期，中國的笑話潮已屬於全球現象的一部分。通商口岸的西方人出版發行的英文幽默報刊、留學生從海外帶回的外文笑話書都在深刻影響和改變着中國文人對笑話的理解和創作。同時，中國自己的笑話書也廣傳海外。

「遊戲」在1890年末成為印刷媒體的一個流行詞彙，同時也被其他大眾文化所借用，意義多歧。文人在「遊戲文字」，為好玩兒或戲弄，寫諷刺文章、笑話、謎語以及鬼故事。他們不再以道德模範自居，以售賣遊戲文章為生，以及時行樂的方式麻醉自己，也鼓吹一種逃避現實的社會風氣。遊戲的筆法催生了「未來奇幻小說」這一新的文學類型，梁啟超的《新中國未來記》和李伯元的《新石頭記》都是其中的翹楚。這些作品涉筆成趣，想像奇特，論旨仍是嚴肅的政治話題。辛亥革命前後，梁啟超、李伯元、吳趼人式的遊戲文字流傳到了各大報刊，打趣式的口吻成為當時時評的主要風格，如流行的「自由談」專欄。挪揄成為上海小報的重要特色，機智的笑罵文章也為各大報紙編輯喜聞樂見。

石版印刷與攝影技術的流傳使出版畫報形式的副刊成為可能，《申報》的《點石齋畫報》即開風氣之先，發表了大量與奇聞怪談有關的圖畫。周作人觀察到，在有關政治議題的表達上，

漫畫這一藝術形式更為直觀、有力，因此近代以來，漫畫逐漸取代了笑話的地位。「遊戲」在漫畫這一形式上的表現尤其一目了然。民國的政治漫畫常常涉及視覺雙關、文字遊戲以及謎語。現代性所帶來的技術既是漫畫揶揄的對象，更是其興盛的物質基礎。

當時的遊戲不只是玩文字、玩圖像，也有實體的「遊戲場」。中外商人基於各種目的，出資建造遊樂場所，供國人遊樂。當時到上海必須白相的地方，就是藥界大亨黃楚久打造的「大世界」。在遊戲場，國人既可在腳踏車等當時新奇的機械上找到樂趣，亦可看戲法、聽相聲、觀雜技、唱京戲。照哈哈鏡是當時一個極其獨特的體驗，扭曲成或細長或矮胖的身體，常讓人捧腹不已。如果說哈哈鏡是現代化「遊戲」中新技術的標誌，那麼其他視覺技術，比如照相技術也給時人以極大的遊戲空間。當時流行的「分身像」，即將兩張照片按照蒙太奇手法結合為一張，曾帶給無數人愉悅與驚喜。新技術使遊戲有了新的玩法，也使遊戲在當時被視為一種文明的力量。

魯迅先生愛罵人。但如果說魯迅是罵人之父，國民黨元老吳稚暉可謂罵人之祖父。晚清以降，中國的政治文化論壇充滿了尖刻的諷刺與惡毒的謾罵。《大不敬的年代》一書指出，在各種政治事件中，都是謾罵在主導輿論：排滿運動中罵滿人、五卅運動中罵西人、1937年國民政府宣佈抗日後罵日人、1945年光復後討伐漢奸。文人間的鬥嘴、詛咒亦從未停止，儘管主流文學史常常對此輕描淡寫。文人互罵在二十世紀二三十年代出版的文學雜

誌中成為一種常態。白話報刊的發達給了罵街登報的機會，文人的筆戰更是銷量的保證。批評謾罵成了辯論問題的主要方式，文人都在爭先恐後地罵。一旦有人罵到自己頭上，更是絕不嘴軟，一定要罵回去。

雷勤風以一本充滿粗言穢語的小說《何典》的接受史為例，討論了罵人在當時對作家們的吸引力。受白話文運動影響的文人，認為雅是中國產生不了好文學的禍首，他們反對用典，以粗俗為美。這本以「放屁放屁，真正豈有此理！」為廣告語的小說，在1920年代重版後，受到文人的追捧，成為教人如何粗鄙地罵人的範本。吳稚暉即深受《何典》影響，他愛用《何典》之典故，其粗俗的語言風格與《何典》的語言聲氣相類，他被稱為「放屁」名家，其文章也被時人稱為《何典》式。吳稚暉以其文章風格與影響力，不僅擴大了《何典》的接受度，更讓「笑罵」慰為文人圈的時尚。

雷勤風發現，到了1920年代，「遊戲」一詞逐漸失去了喜劇性，「滑稽」成了泛指「可笑性」的詞彙，該詞的這層意思至今還保留在上海方言中。上海的城市化帶來人口的急劇膨脹，對綜藝的多樣性要求蓬勃發展。報紙期刊也紛紛迎合小市民的口味，逐漸培養出了一股滑稽風。滑稽風與大上海的城市性格絲絲入扣，「它創造了一個人人皆能融入其中的世界：一個人們必須時時提防惡作劇的世界，也是一個能經常看到其他人中招，淪為惡作劇對象的世界」（頁233）。當時上海的「滑稽大師」是徐卓呆。在他半個世紀的文學生涯中，主編了多份報紙期刊，創

作的小說、話劇、散文、笑話、照相等發表在三十多種刊物
上，從大報到小報，不一而足。徐卓呆擅長寫惡作劇，他創作
的李阿毛等人物，都是喜歡作弄人的普通老百姓，以此為樂甚
至以此牟利。這些人物身上所體現的惡作劇精神似乎是上海人
的一種性格，即使在逆境中，他們也能生存、繁榮，找到自我
滿足的方式。

笑話、遊戲、罵人和滑稽以其「不敬」，逐漸激起了人們的
厭惡、鄙視、焦慮甚至恐懼。這種不安的情緒和反對的姿態逐漸
匯成一股輿論，促成了1930年代的「幽默」。「幽默」是林語堂對
英文「humor」一詞的翻譯。在他的努力下，「幽默」逐漸成為一種
新的喜劇形式，開始取代之前各種形式粗鄙的笑。林語堂通過
《論語》半月刊雜誌，推廣講究「同情」、「有理」、「從容」的「幽
默」，並試圖說服中國人，幽默其實是生活的一部分。幽默文學
影響了多位作家，影響力持續了至少十年，並引發文學界的大討
論：什麼是幽默？孔子幽默嗎？中國需要幽默嗎？需要怎樣的幽
默？如何從幽默的角度，重新評價、發掘中國的傳統文化？「幽
默」理念在當年的影響是如此深遠，以至於《申報》上有人提出，
對文學家來說，1933年既不是「憲政年」，也不是「國貨年」，而
是一個「幽默年」。

雷勤風認為，近代中國第一個大不敬的年代在「幽默年」之
後開始改變。這五種喜劇形式都以某種方式保存了下來，但笑的
歷史已經翻開了新的一頁。如同道德保守的英國維多利亞時代終
結了喬治王時期貴族們沉溺其中的低俗的笑，1937年的對日宣

戰、1945年的國共內戰，尤其是1949年中共建政，都深刻地改
變了中國人笑的風格。

笑　疾

　　笑一笑，十年少。李貞德卻發現，傳統中國醫學以氣為本
的身體觀，對喜怒哀樂都不以為然。笑被認為是「亡精費氣的活
動」，甚至「喜則氣緩」。多笑不僅無益，倒是病症。[5] 在一個危
機深重的時代，笑似乎也是一種社會問題，常為人詬病。雷勤
風揭示，晚清民國的作家對「笑」態度矛盾，既享受其所帶來的
快感，亦擔心其不良的社會影響。搞笑的演出者，無論以何種
形式搞笑，都需要回答一個沉重的問題：「笑」這種藝術形式如
何回應中國所面對的苦難？周作人認為，笑話簡單地分為兩
類，挖苦與猥褻。他亦認為，能引起人笑的理由，常常是不道
德的。比如老百姓相信「力即是理」，無論手段是否正當，只要
能贏即可。他們總是崇拜英雄，對失敗者沒有同情，習慣加以
取笑。這一「大不敬」的風氣，有益於世道民心嗎？同時，將苦
難、眼淚、鮮血「一笑置之」，仿佛阿Q說「兒子打老子」，固然
可以逃避現實，甚至找到樂子，但能救國嗎？這種道德困境始

5　李貞德：〈「笑疾」考——兼論中國中古醫者對喜樂的態度〉，《中央
　　研究院歷史語言研究所集刊》，第75本第1分（2004），頁99–148。

終貫穿着晚清民國的笑史，使那個時代不僅有淚，有笑，也有焦慮。

雷勤風對笑史的梳理，讓我們真切地感受到晚清民國社會除了悲情，還有「不敬」。但作者似乎過於強調了「笑」顛覆、破壞的一面，忽略了其維持既有社會規範（social code）的另一面。畢竟玩笑可以挑戰某些社會規範，但還是要遵守、甚至強化其他規範，否則產生的效果不是笑，而是尷尬。黃克武解讀《笑林廣記》中與性有關的笑話，發現這些挑戰了社會禁忌的笑話，卻強化了男性中心的性觀念。笑話所開啟的有限言說空間，只是適度紓解了禮教對情欲的壓抑，起了社會「安全瓣」（safety valve）的作用，結果卻更好地維繫了現實秩序的運作，而不是徹底顛覆秩序。[6]那麼，在二十世紀前四十年，笑在挪揄社會規則的同時，是否維持了那個社會的規則，使得那個社會仍是一個「敬重的時代」？林語堂鼓吹的「幽默」，是社會規範的力量在起作用，還是文學領域的某種內在理路？當時的人們又是如何消費、解讀笑的文化產品？讀者與作者的笑點一樣嗎？基於社會地位、文化水準、政治立場、經濟能力等的不同，人們對笑有不同品味，當時的中國是否形成了不同的笑的圈子或情感社區（emotion community）？這些圈子或社區各有什麼特點？如何互動？

6　黃克武：〈明清笑話中的身體與情慾：以《笑林廣記》為中心的分析〉，《漢學研究》，第19卷第2期（2001年12月），頁343–74。

　　笑不可研究，一研究就不好笑了，《大不敬的年代》是個例外。作者把笑史寫得妙趣橫生，學術著作少有這樣的閱讀快感。除了豐富的材料、細節、圖像，睿智的觀點，精心設計的章節，作者在寫作風格上也在努力復原當時的幽默感，如模仿民國小報的風格寫序言，大量使用中國笑話中常見的雙關語。本書原是英文著作，由臺灣大學文學系的許暉林教授翻譯成了中文。笑依賴語言，有時並不可譯，讀中文原文常比讀譯文好。因此作者在中文版序言中說：「本書的中文版比英文版更好」。這句不是笑話。

　　本文曾以「不笑不成世界」為題，發表於《上海書評》，2018 年 6 月 20 日。

.

破除「自古以來」的迷思

邊疆總被邊緣化，民族總被少數化——劉曉原跳出了這一成見，不以「中國」限定邊疆史，而以「邊疆」定義中國史，寫出了一部新的「邊疆中國史」。

以邊疆定義中國
二十世紀的邊疆問題

讀劉曉原：《邊疆中國：二十世紀周邊暨民族關係史述》
（香港：香港中文大學出版社，2016）

「今天的中國從何而來？」「什麼是中國？」「誰是中國人？」
這些問題是近年中外學界的關注點。這一熱度的產生，既有現實
政治的因素，亦有內在的學術理路可尋。從現實政治層面而言，
今天的國人正面對一個令人費解的現象：一方面是「大國崛起」，
經濟騰飛，外交活躍，一幅盛世景象；另一方面，邊疆人口的
「中國人」認同正在弱化甚至瓦解，如何解釋其中的原因？

關於邊疆問題，以往中文學界常偏限於「大一統」觀念、漢
族中心視角和民族主義情緒。再加上言論空間逼仄，大部分所謂
邊疆民族研究只是對國家民族政策的註解，往往以「自古以來」
立論，試圖將國家的民族政策和外交戰略正當化，還很難說是獨
立的學術研究。而西方一些相關研究常將複雜的中國民族邊疆問
題簡化為西方讀者所關心並能理解的人權問題，雖是為弱勢群體
發聲，其偏頗之處亦顯而易見。

近年來在中、港、臺三地出現了幾部中文專著，推動了邊疆
研究的發展。如王明珂通過研究中國人的「族群邊緣」來解答「什

麼是中國人」的問題。他認為族群意識實由族群邊界來維持，彷彿在紙上畫一個圓形，正是邊緣那條線讓圓形看起來像圓形。[1] 葛兆光在「何為中國」的問題上試圖與以安德森（Benedict Anderson）《想像的共同體：民族主義的起源與散布》（*Imagined Communities: Reflections on the Origin and Spread of Nationalism*）一書為代表的民族主義建構論範式對話，指出一個在政治和文化上始終有延續性的中國早在宋代已經建立，並非是印刷資本主義出現後才形成的想像。[2] 王柯則試圖梳理中國的多民族統一國家思想在歷代發展演變的脈絡，以及中國民族主義思想形成與演變中的日本因素。[3] 以上諸位學者的研究明顯受到西方理論的影響，但在文獻資料上下的功夫極其深厚，並試圖以中國的經驗研究與國際學界對話。

近二十年來不少研究清史的歐美學者試圖從邊緣看中心，成果顯著。以哈佛大學歐立德（Mark C. Elliott）為代表的「新清史」研究群關注少數族裔的權利，從「族群主權」（ethnic sovereignty）來看清史。何炳棣等學者認為清朝之所以在疆域擴張、人口增

1　王明珂：《華夏邊緣：歷史記憶與族群認同》，增訂本（杭州：浙江人民出版社，2013）。

2　葛兆光：《何為中國：疆域、民族、文化與歷史》（香港：牛津大學出版社，2014）。

3　王柯：《中國，從天下到民族國家》（臺北：政大出版社，2014）；《亦師亦敵亦友：民族主義與近代中日關係》（香港：香港中文大學出版社，2020）。

加、經濟發展、社會安定等方面取得重大成就，主要是因為「漢化」比較成功。「新清史」學派對此持強烈批評態度，他們以「滿族中心」取代「漢族中心」，認為清朝取得的成就不僅不是因為成功「漢化」，反而是因其滿人特性所得。[4]

近年出版的一些關於明清以來國家與邊疆關係的英文專著也將邊疆放在中心位置，強調邊疆對於形塑中國的重要性，有的學者強調中國現代民族國家的形成固然是西方列強侵略所致，但更是漢政權與邊疆民族政權交涉的結果。邊疆及其民族在確立中國現代領土和形成中國認同上發揮了重要作用。[5]一些研究指出，遲至十八世紀的清代才開始對邊疆實行統治，且國家對邊疆的控制也是時有時無。邊疆進入中國的版圖，亦非因為邊疆人口嚮往「先進」的儒家文明，只是不幸遭到軍事征服的結果。近代以來

4　具有代表性的「新清史」研究有：Mark C. Elliott, *The Manchu Way: The Eight Banners and Ethnic Identity in Late Imperial China* (Stanford, CA: Stanford University Press, 2001); Evelyn S. Rawski, *The Last Emperors: A Social History of Qing Institutions* (Berkeley, CA: University of California Press, 1998); Peter C. Perdue, *China Marches West: The Qing Conquest of Central Eurasia* (Cambridge, MA: Belknap Press of Harvard University Press, 2005); James A. Millward, *Beyond the Pass: Economy, Ethnicity, and Empire in Qing Central Asia, 1759–1864* (Stanford, CA: Stanford University Press, 1998); Pamela K. Crossley, *A Translucent Mirror: History and Identity in Qing Imperial Ideology* (Berkeley, CA: University of California Press, 1999).

5　James Leibold, *Reconfiguring Chinese Nationalism: How the Qing Frontier and Its Indigenes Became Chinese* (New York: Palgrave Macmillan, 2007).

的漢族人口移民邊疆，並未促成「落後」的少數民族的進步，因
為移民人口的主體是發配邊疆的罪犯、戍邊的武夫以及飢餓的逃
荒者，並非精英文化 (high culture) 的攜帶者。[6] 在現代新疆史研
究方面，有的學者強調新疆的「穆斯林」特質，認為伊斯蘭教徒
才是新疆的主人，卻由於大批漢族人口移入而遭到邊緣化。[7] 通
過從少數族裔的角度書寫中國史，學者希望呈現這些長期被漢族
或中心區域所遮蔽的聲音。

　　受法國「年鑑學派」(the Annales School) 的影響，近二十年來
西方史學家試圖跳出國族史的侷限，研究處於國與國之間模糊地
帶的邊疆、邊境及其人口。在他們看來，邊疆、邊境並不總是阻
礙了國境線兩邊人與物的互動，在某些情況下，正是因為有了區
隔，才使得雙方的互動更加活躍。這一新的研究趨勢因其突破了
民族國家的框架，淡化了國家之界，聚焦於身份認同的形成或改
變，以及人與物的跨國流動，被稱為「跨國史」(transnational
history) 研究。[8]

6　Diana Lary, ed., *The Chinese State at the Borders* (Vancouver: University of
　　British Columbia Press, 2007), pp. 9–10.

7　S. Frederick Starr ed., *Xinjiang: China's Muslim Borderland* (Armonk, NY: M.
　　E. Sharpe, 2004); Gardner Bovingdon, *The Uyghurs: Strangers in Their Own
　　Land* (New York: Columbia University Press, 2010).

8　C. A. Bayly et al., "AHR Conversation: On Transnational History," *American
　　Historical Review*, Vol. 111, No. 5 (2006), pp. 1441–64; Alexander C. Diener
　　and Joshua Hagen, *Borders: A Very Short Introduction* (New York: Oxford
　　University Press, 2012).

　　冷戰結束後，經濟高速增長的中國開始取代蘇聯成為西方世界的「假想敵」。為了探究中國崛起對國際社會的影響，政治學學者將目光投向1949年以來中國如何處理與鄰國的領土糾紛問題。他們發現，與西方世界固有的「強硬」的共產中國這一刻板印象不同，毛澤東時代在解決領土糾紛問題上表現出了明顯的現實主義。在有爭議的領土問題上，並非「老祖宗留給我們的地一寸都不能丟」，相反，為了政權的穩定或外交戰略的需要，領導人常常選擇妥協。中國政府在處理領土爭端上表現出的現實主義，似可證明「中國威脅論」只是西方因為對中國缺乏瞭解而產生的不必要的擔心。[9]

　　美國弗吉尼亞大學（University of Virginia）教授劉曉原多年來致力於中國邊疆史的研究，已出版多部英文著作，是該領域的重要學者。[10] 其研究取徑顯然受到了近年西方邊疆研究的影響，但

9　M. Taylor Fravel, *Strong Borders, Secure Nation: Cooperation and Conflict in China's Territorial Disputes* (Princeton, NJ: Princeton University Press, 2008); Eric Hyer, *The Pragmatic Dragon: China's Grand Strategy and Boundary Settlements* (Vancouver: University of British Columbia Press, 2015).

10　Xiaoyuan Liu, *Frontier Passages: Ethnopolitics and the Rise of Chinese Communism, 1921–1945* (Stanford, CA: Stanford University Press, 2004); *Reins of Liberation: An Entangled History of Mongolian Independence, Chinese Territoriality, and Great Hegemony, 1911–1950* (Stanford, CA: Stanford University Press, 2006); *Recast All under Heaven: Revolution, War, Diplomacy, and Frontier China in the 20th Century* (New York: Continuum, 2010); *To the End of Revolution: The Chinese Communist Party and Tibet, 1949–1959* (New York: Columbia University Press, 2020).

他並非只是該潮流的追隨者，其研究有鮮明的獨特之處。早在撰寫首部專著《事預則廢：中國、美國及其處理戰後日本帝國的政策》（*A Partnership for Disorder: China, the United States, and Their Policies for the Postwar Disposition of the Japanese Empire, 1941–1945*）的過程中，[11] 他便意識到從事中美關係史的研究，如果不瞭解中美關於中國邊疆的政策，則無法深刻體認二十世紀中美間的外交折衝。更重要的是，在文革期間，他作為知識青年曾在內蒙古插隊，多年的邊地生活不僅使這個北京青年開始瞭解邊疆，更產生了一種邊疆情結。可見，致力於邊疆研究對劉曉原而言，不只是求知，更是學術意義所在、人文關懷所繫。

由香港中文大學出版社出版的《邊疆中國：二十世紀周邊暨民族關係史述》是劉曉原的第一本中文著作，討論內容主要是二十世紀前半葉的中國外交史，但能貫通古今，把近現代問題放在長時段下考察，溯其源流，視野可謂寬闊。作為一位在美國接受學術訓練並長期任教的學者，作者對西方學界的相關研究不僅熟悉，且能揚長避短。該書不僅指出了中國邊疆民族問題的複雜性，還為我們呈現了複雜性之所在，提供了一個理解民族邊疆問題的新角度。與華人學者往往專注於史實的重建不同，作者將「史」與「論」很好地結合起來，全書既清通可讀，亦有理論深度。

11　Xiaoyuan Liu, *A Partnership for Disorder: China, the United States, and Their Policies for the Postwar Disposition of the Japanese Empire, 1941–1945* (New York: Cambridge University Press, 1996).

邊疆國家

《邊疆中國》由〈引言〉與十個章節構成。作者在〈引言〉中指出本書研究的主旨是中國近現代疆域和民族構成形成的歷史過程，聚焦的主要內容為政黨鬥爭、民族關係、外交折衝，以及社會變動。同時，他也指出了中國近現代疆域形成的關鍵所在：中國在鴉片戰爭後被迫經歷了一個劃時代的「領土屬性」轉型，從「中國古代宗藩朝貢體系下的疆域觀念和歸屬關係，嬗變為源自西方的、以民族國家為單位的、近現代主權觀念下的領土歸屬關係」（頁 xv）。

歷史學家梅爾（Charles S. Maier）提出，「領土屬性」（territoriality）的轉型雖不是始於二十世紀，卻是該世紀的一個顯著特徵。按照他的說法，「領土屬性」指的是在一個民族所佔據的地域內，國家精英利用蒸汽、鐵路、郵政、電報、電力等現代技術及建立現代官僚系統等手段將該地域同質化，並連成一體。對外，通過確立邊界，與「他者」相區別；對內，動員生活在該地域的人口，讓每個成員形成對該地域的認同，使其成為每個成員的一種重要的身份認同。於是，在現代社會，一種對某個有明確邊界的地域的忠誠取代了前現代社會那種以身份的等級化為基礎的認同。一個國家的社會組織、人口管理、資源利用等各個方面的運作都奠基在該認同之上。[12] 在第一章中，劉曉原引入了這個概念，藉此

12　Charles S. Maier, "Consigning the Twentieth Century to History: Alternative Narratives for the Modern Era," *American Historical Review*, Vol. 105, No. 3 (2000), pp. 807–31.

從理論上概括了「天下」制度瓦解後，近代中國在國家結構和功能方面的變化。「領土屬性」的轉型可謂本書的「眼」，其他各章節都圍繞這個概念展開。

第二章討論1911年前後出現的所謂「保皇」、「立憲」、「革命」等各種政治力量關於「何為中國」及「何為中國人」的爭論，核心問題即如何維繫中央與邊疆、漢族與其他民族的關係。作者意在說明中華民國對滿清帝國在疆域上的繼承並非自然而然，辛亥前後曾有過這樣的討論：中國應該是一個排他性的漢族中國，讓蒙、回、藏「任其去來」？還是一個應該納五族入中華的包容性的中國？漢族從滿族手裏奪取政權並成為主導族群後，為追求疆域最大化選擇了繼承清代的疆域。「五族共和」也只是為了將清代的疆域統合在中華民國內的策略，並非蒙、回、藏自己的意願，這為日後邊疆的動盪埋下了隱患。此後，以蒙古、西藏的分離為開端，民國進入了一種大分裂的狀態。

第三章談論了影響第二次世界大戰及冷戰時期中美關係的三個要素：「時間」、「形體」與「顏色」。所謂「時間」，即中美交往中，美國以現代化的實力將中國視為「落後」國家，而蔣介石和之後的中共領導人雖因經濟、軍事實力不濟而承認中國的所謂「年輕」，但幾千年的中華文明卻又使他們認為中國在道德和文化上遠比美國「古老」，並不甘心以美國為「大哥」。這種無奈與不服氣導致的「受害者心理」實為中美關係磕磕碰碰的重要原因。有意思的是，儘管中國領導人不甘心唯美國馬首是瞻，但歷屆政府又積極師法歐美國家，努力縮短中國與歐美在現代化進程中的時間

差，希望早日能與列強平起平坐。[13]「形體」則是指在歐美主導的國際規則下，一個國家只有先成為西方意義上的「民族國家」，獲得《國際法》所承認的有明確邊界和獨立主權的疆域，才可能被接納進入國際社會。在這一遊戲規則下，朝貢體制下模糊、移動、靈活的邊界被定義為「落後」，成為中國以「文明國」身份被國際社會接納的障礙。「顏色」指代意識形態，如紅色指共產主義。作者談到不同的意識形態如何成為冷戰時代中美關係的障礙。在邊疆問題上，本章揭示的是現代中國雖已被改造為民族國家，但「天下」觀念作為傳統文化和「過去的輝煌」賦予國人的「老子曾經闊過」的自信，仍在影響中國的外交政策以及國人的心態。

為什麼冷戰在歐洲表現為「冷」戰，而在亞洲卻導致持續的「熱」戰？第四章以二戰時期中美兩國針對朝鮮問題的外交交涉為例，意圖跳出冷戰政治史的框架，強調亞洲的熱戰不只是意識形態或制度之爭，更是民族國家建構（state-building）的必然結果。在作者看來，當西方世界已經進入社會制度之爭並以意識形態的對立形成兩大政治集團時，亞洲國家尚未解決民族獨立、國家統一這些歐洲早已解決的問題。因此，亞洲國家內部的戰爭不只是關於走什麼道路的問題，更是一個如何實現民族國家建構的

13　齊錫生在《劍拔弩張的盟友：太平洋戰爭期間的中美軍事合作關係（1941–1945）》（臺北：中央研究院、聯經出版公司，2011）一書中指出，在太平洋戰爭期間，美中雖為盟友，但時有尖銳衝突，美國軍方對蔣介石政權的倨傲態度和蔣對此的激烈反應是導致盟友關係「劍拔弩張」的主因。

問題。而美國和蘇聯對亞洲國家內部熱戰的回應，更加劇了戰爭的熱度。

第五、六兩章以蒙古問題為例，討論戰時和戰後初期美國政府針對中國邊疆的戰略思考和政策行為如何影響了中國的版圖。根據作者的考察，美國針對中國邊疆地區的政策對「海棠葉」形中國版圖的瓦解和「公雞」形版圖的維持起到了重要作用。戰時美國支持蘇聯關於外蒙獨立的立場，並施壓於國民政府，是直接導致外蒙脫離中國的重要原因。另一方面，在支持外蒙獨立的同時，美國堅持中國對內蒙古的主權，對自治運動態度冷漠，使內蒙古的分離運動始終處於不利的國際環境之中。美國政府的「內蒙外交」也是內蒙古不脫離中國的一個重要原因。

中蘇關係對中國疆域的「形體」影響更大。在中國的主流歷史敘述中，沙俄／蘇聯侵吞大片中國領土並煽動、支持民族分裂，是中國失去外蒙的罪魁禍首。1950年代，中國和蘇聯因為相同的意識形態結成盟友，「一邊倒」成為中國的外交政策。第七章討論在這樣的背景下，外蒙問題如何成為中蘇關係中的一個「暗影」，甚至是「定時炸彈」，隨時可以導致兩國間的衝突。出於現實考慮，中共在歸還外蒙的要求不獲蘇聯支持後，以忍氣吞聲來換取蘇聯的援助，這是「北京以一個弱勢夥伴的身份同莫斯科結盟所付出的代價」（頁203）。與此同時，外蒙問題是中蘇關係中的第一道裂隙，也為數年後的中蘇分裂埋下了伏筆。作者試圖告訴我們，社會主義國家間的結盟雖然以國際主義相號召，但背後真正起決定作用的還是民族國家利益。

第八、九兩章討論的是中華人民共和國初期中共如何處理西藏問題，目的似乎更在於檢討西方學界在西藏研究中的「冷戰視角」，即僅從意識形態或冷戰策略的角度來分析中共在西藏問題上的作為。作者認為，要理解中共在冷戰時期對西藏問題的處理，不能只在冷戰中找原因，而要放到更長的時段去考察，庶幾能有深入的體認。他認為中國傳統文化、近代民族主義以及共產主義意識形態三個層面都對西藏問題產生重要影響。對研究者來說，難點在於判斷「哪個因素在何種場合起了主導作用」（頁270）。

如果說，〈引言〉是本書的「鳳頭」，高屋建瓴，前九章是「豬肚」，內容充實，那麼第十章無疑可稱為「豹尾」。作者在該章提出了研究中國邊疆史的新視角：即不以「中國」限定邊疆史，而以「邊疆」定義中國史，也就是從邊緣看中心。進而，作者提出中國在經過了近現代兩個世紀的嬗變之後，仍然是一種「邊疆國家」的狀態，離一個「整合國家」仍然遙遠（頁298）。

破解迷思

《邊疆中國》一書破解了中國邊疆史敘述中以「自古以來」立論的迷思，將中國版圖的盈縮放回當時的歷史場景中考察，從而「歷史地」看待近現代疆域的形成。長期以來，類似「自古以來」的說法不僅頻繁出現於各種外交辭令，即使在嚴肅的學術著作中，該表述亦觸目皆是。比如研究近代邊疆史的權威著作、呂一

燃主編的《中國近代邊界史》一書，在第二章「中國與俄國的邊界」中，開頭第一段即為「黑龍江、烏蘇里江流域，自古以來就是中國的領土。早在俄羅斯國家還沒有出現以前，黑龍江流域、烏蘇里江以東濱海地區以及庫頁島，已經是中國領土不可分割的組成部分。中國人民世代居住在自己的這片土地上，勤勞地從事各種生產勞動」。[14] 這種先用「自古以來」為理據將某些土地預設為「中國領土不可分割的組成部分」，再來譴責列強如何「侵略中國邊疆」的書寫手法，被作者謔為「失地學派」（頁282）。該「學派」往往將中外邊界史簡化成列強侵略史，最典型的例子就是中蘇關係惡化後中國政府組織學者書寫的各種版本的《沙俄侵華史》。[15]

「自古以來」這一說法存在的問題，正如本書〈引言〉部分所指出的，「對涉及領土、民族的問題，動輒以『自古以來』立論，似乎近代以來中國所經歷的大變局從未發生過」（頁xiii）。今天國際社會所指的「領土」，是以民族國家為單位的、有清晰邊界和獨立主權的疆域。此概念並非從來就有，而是十七世紀的歐洲經過三十年宗教戰爭後簽訂《威斯特伐利亞條約》(*Peace of Westphalia*) 的結果。而中國獲得西方意義上的「領土」，更要到鴉片戰爭戰敗、中國被迫接受舶來的《國際法》之後。換而言之，

14　呂一燃主編：《中國近代邊界史》，上冊（成都：四川人民出版社，2007），頁73。

15　1970年代，政府曾組織多家學術機構撰寫《沙俄侵華史》，如中國社會科學院近代史研究所、復旦大學、吉林師範大學等。

中國今天所擁有的「領土」並非來自老祖宗，而是近代外交折衝的產物，「自古以來」的說法顯然違背了這一史實。

「自古以來」說法的缺失還在於分不清宗藩關係與民族國家制度之間的區別。無論對中國傳統的宗藩朝貢體系如何評價，在該體系下並無所謂現代意義上的「領土」。根據劉曉原的概括，宗藩朝貢體系的特徵如下：一、「上國」與「下國」關係不對稱，上國以大字小，下國以小事大；二、由內向外，離中心愈遠，關係愈疏，形成費孝通所謂的「差序格局」；三、王朝主權的邊緣模糊多變，並無清晰的邊界，而疆域的大小主要取決於中原與藩屬實力的對比。當中原足夠強勢，可能會佔領藩屬的土地，將疆域極大外擴，如清代康乾盛世時的版圖達到明代的兩倍。相反，一旦中原勢弱，藩屬不僅可以吞噬中原的土地，還可以登堂入室，成為中國的統治者，如元代和清代都不是漢族政權。

與民族國家強調領土歸屬不同，傳統中國更強調外族的向化。吳文藻曾指出：「東南諸省，以海為界，本是國界，而並不被視為邊疆；反之，甘青川康，地居腹心，而反被稱為邊疆。這明明不是指國界上的邊疆，而是指文化上的邊疆。」[16] 換而言之，文化落後的地方，即使處於內陸，亦為邊疆。由此可見，在朝貢體系下，「邊疆」的含義主要關乎外族的歸化程度。在西力東漸之後，邊疆問題變成涉及國家主權的土地歸屬問題。相應

16　吳文藻：〈邊政學發凡〉，《邊政公論》，第1卷第5、6期（1942年），頁3–4。

地，邊疆的界限從模糊變得清晰，邊疆的重要性從「萬里無用之地」變成「寸土必爭」的國土，邊境的控制亦從「有邊無防」甚至「無邊無防」轉至嚴密布防。正如《邊疆中國》一書所示，近代以來中國開始確立領土邊界，將藩界變成國際邊界；與原來的藩屬國，從區分尊卑、遠近到區分內外，即從夷夏之防變成中外之防；同時，中央對境內領土，尤其是邊疆地區加強控制，改因俗而治的放任制度為改土歸流、移民實邊、駐軍建省，實現了「國內主權的擴展」；在國際上，中國亦逐漸獲得了《國際法》保護的主權，尤其是在二戰中中國得以廢除不平等條約，並與美、蘇、英等並列為「四強」，獲得了完整的國際主權。

當習慣以「自古以來」說事兒的「失地學派」為近代中國在被迫劃界的過程中失去大片「國土」而大表憤慨之時，劉曉原指出了其中的「失」與「得」：「在這條疆界之外，中國喪失的主要是封建相對主權。在這條疆界之內，中國獲得的則是近代絕對主權。」(頁9)

轉型的悖論

從「化人」到「劃界」的轉型無疑是被迫的，猶如鳳凰涅槃，但這並非故事的全部。《邊疆中國》的高明之處，就是呈現了這個過程的複雜性，並表現在幾個悖論上。

悖論一：以民族國家替代「天下」制度，剛開始中國心不甘情不願，而一旦上了這個軌轍，如何將中國形塑為一個西方意義

上的民族國家卻成了歷屆政府的主動追求。1863 年，傳教士丁韙良（W. A. P. Martin）翻譯的《萬國公法》（*Elements of International Law*）的部分譯文送到總理衙門。朝臣認為翻譯「字句拉雜」，評價負面，奕訢對皇上說丁韙良誇耀外國亦有政令，是要仿效利瑪竇（Matteo Ricci）在中國揚名。到 1864 年，普魯士在中國海域捕獲了一艘丹麥漁船，清朝官員病急亂投醫，引用了《萬國公法》，居然不費一彈就讓普魯士歸還了商船。從此他們意識到《國際法》是保護中國利權的重要依據。這一點在清廷處理與藩屬的國界上尤其重要，只有與鄰國劃界，獲得了《國際法》的保護，才可保證領土不為列強覬覦。以近代中俄關係為例，自簽訂《北京條約》後，中俄劃界開始啟動。在中亞，清廷被迫接受以常設卡倫為邊境線，得到的領土自然遠遜於以移設卡倫或添設卡倫為界所能獲得的領土面積。儘管如此吃虧，如果沒有劃界，在列強環伺下，新疆是否還能保留在中國的領土內將是一個疑問。

《邊疆中國》一書對這一悖論的闡釋首先在於考察中西關於「時間差」的論述，強調中國在該論述下積極主動與西方「對表」。西方列強恃富強欺凌中國，但對中國而言，「領土屬性」以及國事方面的近現代轉型，卻成了一個追趕「先進」的西方的過程，藉此達到保護自己利權之目的。

中國近代以來逐漸獲得的民族國家性格，即使在以國際主義為意識形態的共產主義統治下，仍無法淡化。早在 1949 年 2 月，蘇聯部長會議副主席米高揚（А. И. Микоян）一行秘密訪問西柏坡，為即將奪取政權的中共謀劃未來的蘇中合作。當毛澤東問起

如何看待內蒙古和外蒙古的聯合問題時，米高揚明確表示蘇聯「不支持」，因為「聯合會讓中國的領土大量喪失」。按照蘇聯人的意思，如果一定要聯合，則是內蒙古與外蒙古合而為一，成為「獨立的蒙古」離開中國。該話題以「毛澤東大笑起來，不再堅持自己的意見」結束，[17] 但「蒙古暗影」開始形成，並逐漸發酵。劉曉原指出，「中蘇之間的蒙古問題，反映了民族利益衝突對當時社會主義國家間標榜的國際主義關係的顛覆傾向」（頁 204）。

悖論二：「國家主權」和「民族自決權」是民族國家轉型過程中不可化解的一對內在矛盾。作者指出，「民族國家」範式的尷尬之處在於，世界上的「民族國家」多數是多民族共同體，極少是單一民族國家（頁 xxiii）。中國面臨多民族的現狀，但其民族國家思想，按照王柯的說法，卻是「一個來自日本的誤會」。為了能讓中國在弱肉強食的國際環境中生存，1901 年由梁啟超從日本引入「民族主義」概念。日本自稱只有一個民族即「大和民族」（其實不然），這使中國的民族主義從源頭上就接受了「一個民族，一個國家」的迷思。[18] 如此，近代「領土屬性」的轉型面對的挑戰是，如何維繫中央和邊疆的紐帶，使中國既成為民族國家，又免於如奧斯曼帝國那樣在現代轉型後變得四分五裂？

17　〈米高揚關於蘇中合作等問題與毛澤東會談備忘錄〉（1949 年 2 月 4 日），引自沈志華編譯：《俄國解密檔案：新疆問題》（烏魯木齊：新疆人民出版社，2013），頁 295。

18　王柯：《民族主義與近代中日關係》，頁 45–74。

　　這種緊張體現在辛亥革命後各方就「五族共和」展開的激烈爭論，最後維護統一終於凌駕於民族自決之上。其結果正如作者所揭示，「中國歷屆政府在『五域統合』方面成績斐然，而對『五族共和』所追求的多元族群政治結構，則顧左右而言他」（頁43）。歷屆政府在處理蒙古問題、西藏問題、新疆問題上的進退，都是在無法解決這個悖論的前提下為「五域統合」之目的而不得不如是的選擇。

　　悖論三：中國形塑民族國家的道路，始終無法忘懷於「天下」體系曾經的榮光，因此在外交政策上不時浮現宗藩關係的影子。如第四章所示，二戰時期國民黨處理與朝鮮的關係時，蔣介石念念不忘孫中山關於「恢復韓、臺，鞏固中華」的遺訓，試圖重新恢復中國對朝鮮地緣政治的影響力。更典型的例子則是1940年代新疆的盛世才歸附蔣介石政權後，國民黨勢力進入新疆，並試圖重新恢復與坎巨提國的朝貢關係。[19] 這些都是「以大字小」的宗藩關係的現代版，可謂「現代性中的傳統」（tradition in modernity）。[20]

19　林孝庭：〈朝貢制度與歷史想像：兩百年來的中國與坎巨堤（1761–1963）〉，《中央研究院近代史研究所集刊》，第74期（2011年12月），頁41–82。

20　Paul A. Cohen, *Between Tradition and Modernity: Wang T'ao and Reform in Late Ch'ing China* (Cambridge, MA: Harvard University Press, 1974).

餘 論

今天邊疆地區的分離趨勢並未隨着中國的崛起而式微，相反，某些地區的分離活動似有愈演愈烈之勢，手段亦更趨極端。《邊疆中國》將這一困境概括為「中央政權的集權與一體化意圖與強調自身特殊性的邊疆分離主義之間的對抗」（頁298）。

困境首先來自悖論。中國「領土屬性」的轉型為外力植入，並非哈耶克（Friedrich A. von Hayek）所謂「自生自發秩序」（spontaneous order），[21] 後雖成政府的主動追求，其方枘圓鑿至今仍在。無論是國人在西方優越感逼視下產生的「受害者心理」，還是「天朝」觀念不時迴光返照，都是中國在西方壓力下向民族國家制度演進產生的後遺症。

更關鍵的，還是民族國家理念所預設的「一個民族，一個國家」的排他性和「大一統」之間的矛盾難以調和。中國並非單一民族國家，民國時期有所謂「五族」，1949年後識別出了56個民族。為維護「領土完整」，無論哪個政府上台總是把「一國」凌駕於「族群主權」之上。這一訴求使「民族自決」難以實現，甚至因為國家對民族幹部的忠誠度缺乏信心，民族區域自治制度也只

21　Friedrich A. von Hayek, *The Constitution of Liberty* (Chicago, IL: Regnery, 1972).

能是「少數民族當家，漢人作主」。[22] 在宗藩制度下，漢民族和內陸邊疆民族雖時有衝突，「但大體上能夠在中華帝國的鬆散框架下共存」（頁287）。現代民族國家則極大加強了對內部的控制，為增加凝聚力，努力將人口同質化，試圖抹去各民族的差異，這勢必引起邊疆民族的不滿。

這一困境更來自以黨權為根基的國家對邊疆的「熊抱」。西方的民族國家轉型是以民權取代王權，而中國的轉型則以民權口號始、以黨權實質終。中共建國後，曾一度讓邊疆民族問題有了改觀。人類學家林耀華曾指出，新政權之所以能成功「解放」涼山彝區，主要原因在於中共把階級矛盾和民族矛盾加以區分，成功地在彝漢被壓迫人民中找到了共同的階級利益——透過統一戰線，成功拉攏了少數民族中的上層人士；透過階級鬥爭，使少數民族的大部分人口與漢族人口以階級為基礎團結了起來。[23] 但文革後階級鬥爭不再「一抓就靈」，其後少數民族更成為市場化改革的失敗者，且在政治上缺少自身利益的代言人，於是民族區隔被逐漸強化，成為解釋何以有些人成為贏家、有些人淪為失敗者的重要原因。

---

22 平措汪杰：《平等團結路漫漫：對我國民族關係的反思》（香港：新世紀出版社，2014），頁5。

23 林耀華：《在大學與田野間：林耀華自傳》（北京：北京大學出版社，2011），頁113–14。

　　劉曉原認為美國學者拉鐵摩爾（Owen Lattimore）對古代中國是一個「邊疆中國」的判斷在今天仍然有效，這恐怕也是他以此為書名的原因。但在書中，他給「邊疆中國」賦予了新的含意，即「民族國家的框架成功地把少數民族邊疆地區圈定在中華人民共和國境內，但一個能將中國內地和民族邊疆的自發能動力導向同一方向的共同倫理心態尚待形成」。於是他將今天中國的邊疆稱為「中國特色的社會主義邊疆」（頁298）。

　　《邊疆中國》的研究視角是作者熟悉的外交史，即運用中英文外交檔案，從大國外交互動的角度考察邊疆。今天史學界已被新文化史宰制，外交史研究逐漸式微，研究者正在摸索新的路徑，好盤活這百年老店。本書將外交史與邊疆史結合起來是一個成功的嘗試，或可別開生面。本書主要談現代中國疆域如何在大國關係的影響下被形塑，對民族問題着墨不多。作為彌補，讀者或可同時閱讀王柯的研究，庶幾可以「邊疆」和「民族」兼得，有更全面的關照。劉曉原曾感慨美國有歷史學家特納（Frederick J. Turner）的邊疆理論，而中國學者至今還沒能提出有說服力的關於邊疆的理論。本書雖提到「邊疆意識對於現代中國人的民族認同感極為重要」（頁286），卻沒能做充分的發揮，以構建一個符合中國經驗的、讓人耳目一新的理論架構，令人稍感遺憾。

本文曾以「從化人到劃界」為題發表於《二十一世紀》（香港中文大學·中國文化研究所），第157期（2016年10月），頁131–41。

現代化的「棄民」

災民、乞丐、妓女、人力車夫……他們並非從來就是一種「社會問題」，而是在南京政府推行現代化的過程中被污名化，成為偏離正常社會秩序、於國家無用的「越軌者」。

現代化的另一面，是被城市拋棄的「低端人口」。

社會問題的發明

民國南京政府如何治理低端人口

讀李慈：《於國無用：民國南京的「社會問題」與社會工程（1927–1937）》
Zwia Lipkin, *Useless to the State: "Social Problems" and Social Engineering in Nationalist Nanjing, 1927–1937* (Cambridge, MA: Harvard University Asia Center, 2006)

「辱國影片」事件

1911年，淮河泛濫，幾千難民湧入南京城。在金陵大學任教的美國傳教士裴義理（Joseph Bailie）為難民們的不幸寢食難安。他不僅慷慨捐款，還帶領學生參觀貧民區。學生們多來自富裕家庭，未曾見過如此淒慘的場景。一個縣長的孩子跟着裴義理從一個棚屋轉到另一個棚屋，甚為震驚。他感嘆道：「我從小就生活在這個城市，但從來沒有注意過身邊這個悲慘世界。直到您，一個外國人，帶我到這裏，才讓我看到了這一切。」

1930年，同在金陵大學任教的洋教授夏慕仁（M. R. Schafer）做了類似的事情，結果卻大相徑庭。他在課上給學生放映了一部美國柯達公司拍攝的中國各地景觀的電影，然後播放了自己製作的記錄南京城的電影。由於美國片反映的多為「落後」的中國景觀，且字幕有「外國的影響還沒能深入（中國）內地」一句，學生大為不滿。洋教授的片子拍的都是南京破舊的角落，看到一半，

學生們終於失去耐心，憤然要求停止放映。該事件轟動了南京城，夏慕仁播放的片子被媒體稱為「辱國影片」。金陵大學的學生要求校方立即辭退該教授，未得到批准。後學生發覺此人還在繼續拍攝南京「社會陋俗影片」多種，認為其「有意辱華」，群情憤激，要求非將其辭退不可。眾怒難犯，恐釀意外風潮的校方最後以洋教授不諳中國情形為由，將其送到北平一中文學校，令其學習中文、瞭解民俗，風波才告平息。但仍有媒體不依不饒，認為此非徹底解決問題之道，「惟其所攝之影片，未經勒令銷毀，難保其不運送出洋，資為談笑」。

二十年後，同樣是面對外國人展示南京的貧民生活，何以金陵大學的學生及南京市民有如此不同的反應？美國學者李慈（Zwia Lipkin）的英文著作《於國無用：民國南京的「社會問題」與社會工程（1927–1937）》（*Useless to the State: "Social Problems" and Social Engineering in Nationalist Nanjing, 1927–1937*）考察被稱為民國黃金發展期的「南京十年」的市政建設以及政府對邊緣人群的管控，以試圖解釋這種變化發生的原因，及對理解今日中國社會的意義。

新政府，新社會

1927年，國民黨定都南京，依照《建國方略》，誓將孫中山口中「殘破荒涼」的南京建成一個堪與巴黎、倫敦和紐約等世界

一流城市相媲美的首善之區。國民政府相信，「施政之要，首在地方。民治之基，植於市政，現代文明各國，咸於是焉兢兢。南京為一國首都，觀瞻所系，刷新市政，允為目前惟一要圖」。國民黨是中國歷史上第一個「發展至上政府」(Developmental State)，以實現總理《實業計畫》中提出的「第二工業革命」為鵠的。國民黨認為，實現發展的途徑，就是通過中央政府的積極干預，達至國家的工業化以及獲得國際地位的提升。發展南京市政，政府當然應該是設計者和實施者，一切皆通過政府。於是，首都建設委員會及其他政府機構紛紛成立，以實現建都計畫。

市政建設只是民國政府計畫的一部分。孫中山已指出，「革命先革心」，「政治之隆污，繫乎人心之振靡」，「心理建設」同樣重要。國民政府同時致力於改造社會，將臣民形塑為公民。這一企圖深受源自西方、在清季通過日本傳入中國的「社會」概念的影響。傳統中國人有官家與私人的區分，有士農工商四民的差序，並沒有「社會」的想像。「社會」概念與「近代化/現代化」、「民族」這些概念同時進入中國，並非偶然。現代化要求將國家管轄的人口形塑為一個理性、組織化的社會體。國家既可以通過動員該社會體來汲取資源，亦可對社會加以規訓和操縱。因此，社會既是現代政府合法性的來源，也是政府施展權力、加以操控的對象。傳統帝國對子民只需一個簡單的瞭解，模糊的想像；而現代政府認為，其治理下的人口是一個清楚可知的實體，必須對其加以全面調查，才能更有效地加以組織和動員。於是，社會調查作為一種科學方法，被用於獲取人口的各種資訊。正是社會調查

這一手段的引入，烏合之眾開始成為政府可知、可控、可用的資源。

李慈指出，在製造「社會」和「公民」的過程中，民國政府也將一些現象和人群污名化，將其視為偏離了正常的社會秩序、於國家「無用」的「越軌者」（deviant）。「越軌者」不僅於國家無用，更是社會肌體的「腐蝕者」和「毒瘤」，不除之必養癰遺患。在社會進化論的影響下，能否有效處理「越軌者」，關係到社會的發展和種族的生存，茲事體大。

「越軌者」

將某些人群看成「越軌者」是西方影響的結果。十四世紀中期歐洲發生瘟疫，因窮人更易感染，政府開始限制他們的流動，以控制疫情蔓延。更嚴重的是，瘟疫奪走了歐洲三分之一的人口，疫後勞動力嚴重短缺。倖存的奴隸們發現，如果逃脫主人，就有機會向其他奴隸主要求更好的報酬，由此歐洲的封建制度受到嚴重威脅。當權者意識到，如果任由奴隸遷徙，穩定的經濟秩序將難以為繼，必須立法限制其遷徙自由。十四世紀末，英國首先立法區別貧民中的「有用之輩」與「無用之輩」，即遊手好閒之徒。對立法者而言，遊手好閒不是問題，試圖通過遷徙尋找更好的報酬才是問題。從此，流浪被看成是對社會秩序的威脅，成為一個「社會問題」。

　　十八世紀工業革命後，城市中出現了大量的流浪漢，下層社會被視為「危險的階級」。如在法國，有勞動能力卻以行丐為生的人被看成是罪犯。他們遊手好閒，對國家毫無貢獻，為生存需要而乞討的行為成為社會的負擔。更有甚者，無所事事的乞丐破壞了社會風氣，給社會帶來更深的危險。過去對貧民不加區分給予援助的制度，開始讓位於對其進行監管的制度。有勞動能力而不願從事生產者不僅無資格獲得社會援助，且面臨監禁的可能。十九世紀流行的社會達爾文主義，使勞工的生產能力成為一個國家國際地位的標志。這種理念在二十世紀發揚光大，民國政府不僅受其影響，更積極落實之。

　　在民國，「社會」這一想像的形成，伴隨着「社會問題」的發明。一些職業、人群和行為開始被視為「社會問題」，比如相面卜卦之士、流浪漢、乞丐、娼妓等。傳統中國亦有被社會排斥之人，他們往往只是一小群邊緣人，但民國政府極大地拓展了「越軌者」的範圍。民國政府眼中的「越軌者」，未必偏離了中國的社會規範，只是不符合政府或改革者對現代社會的想像而已。如乞丐、娼妓、相師是久已有之的職業，為社會容忍接受。有些的確被視為賤業，但也只是被認為從業者道德有虧罷了。政府不僅不認為有必要去干預、取締，還會對其收稅。有意思的是，民國政府開始將市容現代化作為施政的重要目標，相當一部分人被視為「社會問題」後，民眾逐漸接受了政府的觀念。有些婦女組織、學生群體和社會精英甚至更加激進，呼籲政府要本着革命精神，建設不容稍緩，「社會問題」不可姑息，否則中國將遭西人恥笑。

西來的現代化觀念改變了中國政府的施政理念，從而也改造了民眾的觀念。在國人看來，現代化等於西化，建設新都、改造社會主要是為了國內之觀瞻，國際之形象。現代化是否成功，端賴西人如何評價。回到文章開頭所提及的事件：1911年，南京只是一個破敗的省會城市，六朝古都的榮耀早被雨打風吹去。而在1930年，國民黨已於此定都三年，設南京特別市，實行建都計畫。被現代觀念「革」了「心」的南京人急待西人的肯定。洋教授卻「不諳中國風俗」，在影片中展現的仍是南京「落後」的一面，表明西人對中國的進步熟視無睹，如何不讓學生們碎了玻璃心？

首都不容陋室

南京成為首都後，各重要機關次第建立。大量行政人員遷入，南京市每月增加數千人。1927年，全市人口僅36萬，1931年增加至56萬之多，1935年已近百萬。作為行政中樞，南京的馬路頓顯狹窄。每日行人車馬充塞途中，難以動步。舊有建築亦不敷應用，教會興築之新式房屋被借用一空，旅舍民房供不應求，屋荒嚴重。

首都建設既然要追比歐美一流城市，政府對各種建築工程務必求新、求大。設計省政府大樓時，政府積極徵求維也納巨廈的建築計畫書，只因該巨廈能容納三萬戶之多。大樓的風格，要求「應特別華麗，以資觀瞻」。南京市政局邀請了一位留學法國的設

計師規劃路政，其設計亦以巴黎為藍本。全城馬路成七個大圓圈，每個圓圈有米字式的六條支路，一時風頭無限。

粉飾首都需要龐大的經費，南京改造第一期即需五千萬。而南京全市的收入，每月不過數萬元。加上省府和國府的補助，亦不過十數萬元，只能勉強維持行政費，建設經費全無着落。當局認為，首都是全國的首都，不是南京一市的首都，也不是市政當局數人的首都，建設費用理所當然應由全國負擔。國庫籌措1,500萬，其餘由各省公攤。同時，規劃所及地區的民房，尤其是一些貧民居住的小白鐵房與棚戶，一概要求迅速拆除或遷出市區。南京市政府沒有預料到的是，首都的利益並非總是與民眾的利益一致。為籌集建設經費增加稅收，為造路建樓拆除民房，都遭遇了社會上的激烈反抗。以現代化為旗幟的政府自然不會退縮。在當局眼裏，反對人士都是「不開通」之人，沒有愛國心，且只顧眼前。如今革命已經告成，建設不容稍緩。1929年，總理奉安大典在即，必須加大收稅力度，限期拆除房屋，「倘瞻顧徘徊，即予強制執行」。政府規定，百姓若不自拆，政府代拆，拆出的磚瓦木料，代作工人的工錢。這一政策果然有效，無論馬路劃到哪裏，百姓爭先自拆，只為還有磚瓦木料可得。

政府主導的城市建設成效顯著。1937年南京的現代化程度，儘管跟國民黨的設想還有距離，但六朝金粉，已重放光彩。斥資百萬修築的中山大道長達15里，寬闊的瀝青路面與任何一個世界級城市的主幹道可相媲美。南京十年，政府共修路107里，並安裝了路燈，兩旁種上法國進口的梧桐樹苗，在夏日為行

人遮擋烈日。曾經荒涼的城北區，建成了別墅和新村，成為新的居民區。在城南，壯觀的政府大樓拔地而起，替代了原先臨時性借用的房子。公共交通、商店、公園、銀行、汽車、飯店、酒吧、戲院、舞廳、自來水、生活用電、排水系統、學校相繼建立。到1937年為止，投資於城市建設的資金達到7,000萬，南京成了一個無可爭議的大城市。有人幾年後到南京舊地重遊，讚歎城市「一派新氣象，使人默想黨國前途之發揚光大」。

除了修建高樓和馬路，首都的城市建設也包括龐大的社會工程，即加強社會文明化的各種舉措。在政府眼中，看相、占卜、抽大煙、賭博、衣衫不整、舊風俗，甚至過「廢曆新年」都是「陋習」，都在取締之列。而災民、人力車夫、娼妓、乞丐都是「越軌者」，危害社會肌體，有礙首都觀瞻，須得一一驅逐。

普施救濟

民國災亂頻仍，導致大量災民四處乞食。南京的市政建設越氣派，吸引的難民越多。淮河年年鬧水災，每年總有無數難民在下關車站集聚，流離顛沛之狀，不啻一幅「流民圖」。作為模範市，南京市政當局起初視賑災為己任。如1928–1929年的冬賑，不僅政府撥款，成立冬賑會，商會等各種民間組織都動員起來，進行救濟。然而，災民持續不斷地湧入南京，救濟越多，災民越是將南京視為逃難的首選之地。資源有限，政府和商會都覺得力

不從心。更重要的是，市民視賑災為畏途，擔心有限的本地資源被災民分薄，對政府施加壓力。1929年，捉襟見肘的南京市政府修改了難民政策，改普施救濟為儘量驅逐。對市政府來說，經濟壓力只是原因之一，更重要的是，難民不是首都要吸引的人口。這種對於難民的排斥政策一直得以延續，直到1937年夏秋時節日軍逼近南京，南京市民爭先恐後地逃離這個城市，自己也淪為了難民。

對於已經進入南京城的災民，市政府也常視觀瞻問題比災民的溫飽更重要。1929年冬，大雪，貧民凍餒交加，極為可憐。商會聯合慈善家設粥廠三處，給貧民提供食物，只許當場就食，不准攜帶回家。粥廠開辦以來，貧民賴以存活者不少。尤其是中山馬路上搭了席棚的粥廠吸引貧民最多。但當局「以中山馬路，何等尊嚴，而令災民麋集，三五成群，殊不雅觀。特令警局干涉，勒令停閉」。粥廠以天氣尚冷，請求續辦兩個星期。當時丹麥王子即將訪問南京，粥廠再三請求，當局仍不予批准。不僅如此，為迎接王子，下關還拆除了六七百間草屋，亦因其有礙觀瞻。《晶報》記者揶揄政府：「下關既能犧牲住房，城內又何不能犧牲一飽？國體攸關，災民雖無食住，亦必樂於從事也」。

南京成為首都以來，人口驟增，住房不足，房租飛漲。貧民無力租房，只能找空地搭建棚屋，於是逐漸形成了棚戶區。對致力於追比西方一流城市的南京政府來說，棚戶有礙觀瞻，為西人恥笑。隨着衛生概念的形成，歐洲認為貧民窟（slum）是一種「社會疾病」，是「城市的恥辱」。受此觀念影響，民國政府

開始改造棚戶區。政府最初的計畫是要求市政府拆除白鐵房子和棚屋，設計勞工住宅區，迅速建造兩千到四千住宅單位，以安頓貧民。但這一計畫反映的只是政府官員的想法，並不符合貧民的實際生活情況。不久官員們就發現，已造好部分新房，卻少有貧民願意入住。究其原因，主要在於住宅區地處偏僻，離勞工謀生地點太遠，他們無力支付交通費。再者，對政府而言是破敗、不衛生、無法住人的棚屋，對逃難來的貧民來說，已遠勝他們在農村的房子，實在無意搬離。隨着更多難民湧入，政府資金日見緊張，再無力建房，變政策為拆除棚屋，將他們遷入偏僻之住宅區。當市政府認識到自己甚至無力在市內為貧民找到足夠的住處時，又決定以鄰為壑，將棚戶區的貧民遷到城外了事。

廢止人力車

東洋車從日本傳入中國後，以其輕便、舒適、人力成本低、減少了街頭的動物糞便等優點，迅速取代了轎子和驢馬，成為中國各大城市最流行的交通工具。但人力車主要流行於亞洲，歐洲人認為它「將人當成畜生」，極不人道。其該觀念影響到了中國的思想界，並因「新文學運動」宣導「平民的文學」，使三輪車夫成為當時文學作品的重要主題。最有名的即是胡適先生1918年發表在《新青年》上的詩歌《人力車夫》，詩中指出了一個處理人

力車問題的困境：根據北京市的法令，十八歲以下及五十歲以上皆不得為人力車夫。胡適碰到一位只有十六歲的車夫，坐，不人道，不坐，似更不人道。「你老的好心腸，飽不了我的餓肚皮」，怎麼辦？最終胡適坐上了人力車，但他始終認為人力車文明與「摩托車文明」的界限，就是「東西洋文明的界限」，竭力鼓吹以汽車為代表的這種「摩托車文明」。

　　據1934年的統計，南京的汽車及腳踏車只有1,695輛，人力車卻高達10,470輛，是市內最重要的交通工具，也是重要的稅收來源。對市政府而言，「不人道」的人力車是首都的污點，讓西人側目。從人力車進入中國始，各地政府一直在下決心廢止人力車。但對貧民來說，拉人力車卻是最方便的謀生之道，甚至常常是他們唯一的出路。有把力氣就可以幹，一人拉車，全家不餓。政府無力給車夫提供其他就業機會，為市容計，決定對從業者的年齡加以限制。另外，還規定人力車要定時修理、清潔，車夫要統一服裝，端正儀容，車資要統一定價等。然而，任何文明化的規定，都會增加車行和車夫的成本。人力車夫的生活始終如「水已淹至脖子」，一個很小的漣漪都可以淹沒他們。每次車行加租，必然引發抗議；公共汽車開通後搶了人力車的乘客，更是引發騷亂。尤其是在生意清淡的時節，與人力車夫有關的罷工總是此起彼伏。越是如此，政府越覺得人力車非廢止不可。好在南京政府擔心人力車夫的不滿容易為中共利用，對這個龐大的群體實行以安撫為主的政策，否則取締人力車的決心將更加堅決。

禁止公娼

在中國歷史上的大部分時期，娼妓是合法的職業，也是稅收的重要來源。進入民國後，娼妓仍是一種合法職業，各地均有大量註冊的公娼，交納高額稅收，接受政府的定期檢查。但在十九世紀末二十世紀初的歐美，娼妓成為社會焦慮的一種符號，廢娼運動興起，該運動的訊息通過日本進入了中國。周作人曾翻譯油谷治七郎的〈廢娼問題之中心人物〉一文，介紹美國、英國、法國、瑞士、德國和北歐廢除娼妓運動的情況。該長文從1918年2月開始，陸續發表在《北京大學日刊》上。歐美廢娼運動的主導力量是基督教徒，隨着基督教在中國的傳播，中國人對於這一特殊行業的觀感也開始改變。娼妓不再是一種職業，而是對婦女的剝削，是國家的恥辱和社會腐化的象徵。

儘管在北平和上海娼妓仍然合法，南京建都後不久即禁止了公娼，甚至連秦淮河畔的歌女都在禁止之列。南京有龐大的公務員人口，公務員的職業不穩定，多數人「咸存五日京兆之心」，往往將「黃臉婆」留在老家，自己在城裏「守活寡」，總是為性苦悶，常常光顧娼妓。同時，公娼取締之後，很多婦女沒有其他謀生手段，只能轉為私娼。禁了幾年之後，公娼似已減少，暗娼有增無已，竟高達兩萬以上。更讓當局頭疼的是，禁娼後，青年中花柳病驟增。1933年，在禁娼五年後，軍隊學校招考時體檢，「發現染花柳病者達十之九」。原因在於，公娼制度下，政府可以對從業者進行體檢，當她們轉入地下後，則無從管理。開娼禁成

為補救的辦法，被各界提出，並為政府接受。然而，南京市婦女協會堅決反對，認為公娼是一種剝削妓女的制度，有傷國格。

市政府幾度試圖開禁未果，只好令警局從嚴執法。不幸被抓獲的私娼，當局既無策使其從良，只好罰款了事。以出賣肉體所得的大洋繳納罰款後，娼妓們在出警局後又不得不冒險重操皮肉生涯，更頻繁接客以彌補損失。禁娼的悖論是，妓女增加，花柳病蔓延，警局有了一筆循環不已的進益。婦女協會義高喊保護婦女，但從業女性「私下既受流氓的敲詐，少數惡嫖客無理的侮辱，受警廳的束縛，苦不勝言」。好在當局仍然維持了首都的觀瞻，畢竟說起來，「南京始終是禁娼的」。

乞丐宜驅

淪為乞丐，往往被看成是此人道德有虧，但政府並不覺得有干預的必要。歷史上也不乏口碑正面的乞丐，如晚清的武訓，為興義學，長期乞討，譽為「義丐」。工業革命後，如前文提及，歐洲開始將流浪者看成「危險的階級」，污染社會，應被隔離。與其他邊緣人群不同之處在於，為了乞討，乞丐們總是出沒鬧市。為博同情，經常花樣百出，令當局難堪。因此，在歐洲，乞丐被稱為「人群中的敵人」、「門口的流浪漢」。這種觀念為中國政府和民眾所接受，乞丐成為一個社會問題，阻礙社會的進化。1910年代張謇治理下的南通，街頭無一乞丐，被目為現代化的一大成功。

隨着公共衛生概念的出現，當局希望南京城看起來整潔，聞起來無異味。衣衫襤褸的乞丐總是出沒於鬧市，無法眼不見為淨，被當局視為眼中釘。當局決定成立「遊民習藝所」，對他們進行職業訓練，使其成為有用的勞動力，同時為其提供可居住地避難所。在冬天，市政府還成立了冬賑委員會，對乞丐進行救濟。然天災頻仍，不斷有難民湧入南京城，沿街乞討。隨着乞丐數量急劇增加，政府機構已無力提供培訓，更無法提供足夠的避難場所。於是政府對乞丐加以驅逐，減輕首都負擔，警察抓乞丐也成為南京街頭經常上演的貓捉老鼠的遊戲。

對於「合法」在南京落腳的兩千餘名乞丐，政府致力於將這些「於國無用」的人改造成有用的勞動力。按照來自歐洲的理念，政府將這些難民分為「有勞動能力」與「弱/無勞動能力」兩種，對於有勞動能力者，進行「消極援助」，對弱/無勞動能力者，如老人、婦女、兒童，則進行「積極援助」。隨着經濟壓力加劇，政府開始更多強調民眾應「對社會有用」的理念，不僅有勞動能力的人失去了獲得政府資助的資格，老人、婦女、兒童也被認為有自力更生的能力，也可以為國工作。

南京市政府沒能清理乾淨街上的乞丐，但經過某種技能培訓，大部分乞丐不再流浪街頭，在避難所做工，開始從事於國有用的勞動。乞丐避難所乾淨、有秩序、講衛生，非常「現代」。原先從事乞討的人，現在開始幹手工活兒、種菜、做清潔工作。不允許他們無所事事，必須終日忙碌。避難所成了南京市政府最

願意展示給外國人看的景觀，並獲得了西人的肯定，成為南京現代化的一個重要成果。

發展的困境

研究民國史的學者大多對南京十年的成就評價極高。國民政府將一個個現代化計畫付諸實施，成果卓越，南京就是一個最好的範例。隨着史學研究的眼光從精英轉向民眾，歷史學家開始關注庶民的歷史，貧民、勞工成為歷史書寫的對象。不少研究致力於展示他們的苦難，批評民國政府的不作為，其體現的人文關懷，讓讀者動容。李慈該書的高明之處，不只是展示苦難，批評政府，而是指出了現代性的複雜與弔詭。國人以現代化為解決落後國家社會問題的出路，相信只要現代化，一切問題都能解決。李慈既讓我們看到現代化的成就，也看到其中的困境，這是其研究的過人之處。

南京政府以歐美為師，推行現代化，希冀後來居上。相信現代化即西化，西人的肯定是衡量現代化是否成功的標準，國際觀瞻成了當局最在意的施政目標。國人在乎西人的評價，一旦西人不能滿足自己的虛榮心，則視為侮辱。西人基於自身歷史所發展出的關於邊緣人口的觀念也被中國人毫無批判地接受，於國是否有用，成為新的看待社會人群的標準。「社會」這一觀念的傳入，改變了中國政府對於其統治下的人口的態度。在現代政府看來，

為了實現有效的治理，社會是一個應該被政府清楚瞭解、並加以利用和控制的對象，社會調查的引入就是服務於政府的這一需要。民眾亦被「啟蒙」，接受了西方的理念，有時他們對於社會邊緣人群的負面情緒比政府更甚，常常成為迫使政府採取激進社會政策的直接推手。民國時期的困境在於，無視現實，急速地模仿、追趕西方，但無力解決西方化之後貧民的生計問題。南京市政府在處理難民、娼妓、人力車夫、乞丐等問題上的有心無力可謂明證。

在後發達國家，為迅速實現現代化，政府干預成為發展的有力手段。在此過程中，國家對社會的滲透不斷加強，政府管理的事務也越來越多。相應地，社會對政府的依賴性也越來越強，期待政府提供更多的服務，這進一步加強了政府的權力。然而，這種「發展至上」的政府主導模式下，誰是受益者，誰付出了代價？李慈的書給我們呈現的不是簡單的是非判斷，而是複雜的畫面。

本文曾以「民國南京的觀瞻所繫」為題發表於《上海書評》，2018年1月23日。

超越國族主義

淪陷區的生活是否一定水深火熱？「漢奸」是否總是賣國求榮的小人？商人將工廠搬遷至國統區，是否就代表着愛國？

戰爭下的繁榮
汪精衛政權下的蘇州

讀巫仁恕：《劫後「天堂」：抗戰淪陷後的蘇州城市生活》
（臺北：國立臺灣大學出版中心，2017）

中日戰爭期間（1937–1945），中國國土淪陷三分之一，大部分沿海城市被日軍佔領，涉及一半以上人口。淪陷區城市的日常生活發生了什麼變化？我們今天對淪陷後中國城市的記憶主要為「南京大屠殺」所定義：「三十萬」平民慘遭屠戮，人口銳減，經濟凋敝，通貨膨脹，糧食嚴重不足，生活用品匱乏。在一般人的印象中，戰爭就是破壞和災難，淪陷區的人民一定生活在水深火熱之中。

臺灣中央研究院研究員巫仁恕的著作《劫後「天堂」：抗戰淪陷後的蘇州城市生活》卻呈現了一幅截然不同的圖景：在汪精衛政權統治下的江南名城蘇州在淪陷時期變得更加繁榮，更負「天堂」盛名。透過對茶館、菜館、旅館以及鴉片煙館四種休閒行業（「四館」）的考察，本書展示蘇州的消費生活在淪陷後如何變得更為繁華。

第一章〈從傳統走向現代〉探討了近代蘇州的城市發展，以及「四館」從明清到民國的現代化過程。蘇州曾是中國歷史上經

濟與文化最發達的城市之一，但在太平天國之亂後遭遇嚴重破壞，其重要性也逐漸為上海取代。晚清之際，蘇州的民族工業如絲織業與城市建設有了長足的進展。辛亥革命後因相對安定，蘇州成為除上海租界之外江南的另一安樂鄉。1920年代至1930年代，蘇州城內外馬路翻修，極大地改善了市容及交通，對商業發展助益不少。

本章接着講述蘇州「四館」的發展歷史。蘇州吃茶之風盛行，茶館林立。「茶會」是各行各業聚集討論商情的場合，也是各種勢力調解糾紛的機制，俗稱「吃講茶」。蘇州經營飲食的菜館業在明清時期已相當發達，菜餚精美，環境優雅。進入民國後，酒樓盛況依舊，且出現了西式菜館。但從1931年底起，菜館業不景氣，商家紛紛歇業，盛況不再。蘇州之所以被稱為「天堂」，據說是因為蘇州人好遊。清季鐵路的開通帶動了蘇州的旅遊風潮，成為旅館業現代化的一個重要契機，新式旅館紛紛建立。及至1932年，新式旅館已多達35家。晚清的蘇州煙館林立，與茶館、酒肆三足鼎立。西方視鴉片為毒品，受此觀念影響，清政府在蘇州施行禁煙措施，並取得一定成效。民國政府基本延續清政府的禁煙政策，惟政局不穩，執行不力；且煙捐為蘇州警察機關的主要經濟來源，如何多收煙捐才是首要考量。1916年後，軍閥割據，政府視煙土為唯一稅收來源，禁煙只是幌子，實際上在鼓勵甚至強迫農民改種鴉片。只有在蘇州淪陷前兩年，蔣介石頒布「禁煙通令」，屬行「二年禁毒、六年禁煙」計畫，成效顯著，吸食鴉片之風氣方有所遏止。在戰前，除了煙館，其他三館都成

立了自己的同業公會，在解決勞資糾紛與政府稅捐問題時發揮了一定的作用。

第二章〈從天堂到地獄〉首先追溯了蘇州淪陷的過程，接着探討之後成立的自治會、中華民國維新政府與汪精衛政權的政策對「四館」的影響。從1937年8月16日起，日軍開始轟炸蘇州，至11月攻下。進城後，日軍燒殺姦淫，城市遭遇了太平天國之亂後最嚴重的浩劫。蘇州原本人口約36萬，至淪陷時大多已逃走，城內居民僅剩兩萬。直到1939年下半年，蘇州的情況才逐漸穩定，市面開始復興，人口亦恢復至約28萬。1937年底，部分蘇州地方精英在日軍操縱下成立了自治會，進而在第二年成立了江蘇省維新政府，但控制的區域僅限於城區。為了獲得稅收，省政府不僅將煙館合法化，還對其他三館徵收重稅。

1940年3月汪政權成立，穩定了淪陷區的秩序。蘇州成為江蘇省的省會後，大量人口湧入城內，社會結構出現巨變。在汪政府的財政收入中，消費特稅一項主要來自休閒行業，其實行的物資統制、控制貨幣與價格等政策對休閒行業影響頗大。汪政府在戰爭後期推行「新國民運動」，實行節約消費制度，對「四館」影響亦大。其所推行的禁煙運動，則導致多家煙館關閉。

第三至六章分別討論淪陷後蘇州「四館」的情況，但各有側重。第三章考察茶館的經營與發展、社會功能、同業組織的成立與轉型，以及汪政府對茶館的控制。淪陷初期百業蕭條，娛樂行業卻依然興旺，1940年後茶館數量更是增長迅速。戰爭後期茶葉供不應求，價格飆升，茶館標價水漲船高，卻仍不乏消費者。當

地報紙讚歎蘇州生活的閒適，也感慨蘇州人只懂享受，並認為這是在戰時「極度苦悶中」的一個寄託。淪陷後的茶館承續了戰前的社會功能——娛樂消閒、商業交易、交換商情、調解糾紛等。同時，為了生存與營利，茶館開始提供新的娛樂服務，如從上海請來樂隊與歌女、聘用女茶房與女招待，增加聲色。此間同業公會的功能也發生了變化，成為配合政府平抑物價與管控衛生的機構。同時，汪政府對茶館的控制超過了之前的政府，涉嫌操縱物價的茶會被打壓，茶館作為討論公共議題的空間的自由度被降低。這表明，在汪政府治下，政治對日常生活的干預有所加強。

第四章指出，蘇州淪陷後，菜館業的經營雖然面臨諸多問題，但仍有所發展。通貨膨脹和物價飛漲導致成本陡增，汪政府對同業公會的控制也在不斷加強，但懂得經營者仍能利用各種手段獲得豐厚利潤，比如利用黑市、規避限價令、通過同業公會在稅捐上與政府討價還價等。菜館業本身也起了一些變化：地方菜系式微，上海飲食業對蘇州的影響增強，還出現了音樂咖啡座，飲食文化有中西合璧的趨勢。本章利用地理資訊系統（QGIS）工具，看蘇州菜館的空間分布。作者發現，因為戰爭的影響，傳統上菜館雲集的區域已經衰微。由於交通的發展，尤其是火車站的重要性增強，菜館從原來依河道而設，改為依大馬路和火車站而設。蘇州成為省會後，官員和公務人員成為菜館的主要消費群體，而政府機構集中之地亦成為菜館雲集之所。

與茶館和菜館相比，蘇州旅館業更為興盛，這得益於人口流動的增加，造就了新的消費群體，這是本書第五章講述的內容。

在經營上，旅館業亦面臨物價飛漲、通貨膨脹、政府限價政策和更嚴格的管制等挑戰，還有嚴重的勞資糾紛。但作為省會及江南的重要交通樞紐，蘇州的旅遊業在1939年逐漸恢復，官員、民眾以及日本遊客成為旅館的主要客人。另一方面，由於公務人員及難民大量湧入，出現了房荒。因此，即使旅館價格貴、質量差，還總是客似雲來；有些旅館更是「煙」「賭」「娼」的淵藪。直到淪陷後期，汪政府實行了更嚴格的限價及停電政策後，旅館業才逐漸衰落。

第六章指出，蘇州煙館的盛行源於日本人及其傀儡政權的政策，在「四館」中與政治的連結最緊密。淪陷後，日本人與維新政府合作，將鴉片合法化，並主導了鴉片的銷售，使其成為重要財政來源。因此，蘇州出現了一個弔詭的現象——政府批准成立的戒煙所卻成為鴉片煙館，吸煙盛行。汪政權成立後，曾試圖禁煙，但遭日本人干預，並未切實執行。到1942年下半年，汪政府開始推行「新國民運動」，禁煙成為重要議題，1944年開始更公開執行禁煙政策。為何汪政權對禁煙的態度如此反覆？作者提出了新的解釋，認為因統治合法性不足深受困擾的傀儡政權希圖透過禁煙運動，從道德層面提高其合法性。

本書結論部分試圖更深入地探討以下四個方面的議題。首先，「四館」繁榮的原因何在？汪政權統治下的蘇州，治安相對穩定，物價亦比上海低廉，大量逃亡的蘇州人返回家鄉，外地人亦選擇蘇州為避居之地。最顯著的特點是大量公務人員進入蘇州，他們是汪政府裏的新貴，生活富足，成為最具消費能力的群

體。另外，蘇州是江南交通孔道及旅遊勝地，這一點也推動了消費業的發展。此外，作者認為戰時的不確定性所造成的特殊社會心理，使人們把「四館」當成「現實的避難所」，尋找暫時的安樂窩，做一個「粉紅色夢」（頁258）。然而，蘇州「物資充裕」、「生活安適」的另一面則是「路有凍死骨」的慘象，乞丐增多，自殺率高，貧富懸殊。同時，暴力事件頻發，勞資糾紛持續，女性被物化。因此，作者在書中不斷強調，這種繁榮並非常態，而是一種「畸形」的繁榮。

其次，本書顛覆了我們對淪陷後城市生活一片凋敝的刻板印象，意圖重新評價汪政權——從市民大眾的生活來評價其在淪陷區的角色與作用。毫無疑問，作者認為汪政權維持了蘇州社會的穩定，使繁榮成為可能，哪怕是「畸形」的繁榮。作者發現，汪政權的勢力集中在城區，與消費有關的收入是其主要財政基礎。從政府深入社會的程度，以及汪政權對「四館」的統制，可以看出淪陷區政府的權力在不斷擴張，社會空間受到持續擠壓。

再者，在汪政權統治下，同業公會從戰前作為政府與業者溝通的橋樑，變成了直接由國家控制的民間組織。那麼，業者如何在這一非常時期生存下去？是否有所謂「弱者的武器」？作者發現，業者並非對政府的指令照單全收，他們透過消極不配合、黑市交易、同業公會、茶會等渠道，試圖反抗政府的剝削和管制。

《劫後「天堂」》是關於淪陷區研究的一部力作，修正了我們對於淪陷區及汪政權的簡單負面印象。作者立論之持平、章節設計之精心、文字之清通可讀，都可圈可點。以下我將該書放入全

球學術脈絡中評點其中的得失，以及討論今後或可進一步研究的方向。

從忠奸分明到模糊複雜

近年來，中外學界關於淪陷區的研究出現了明顯的範式轉移。之前，基於民族主義立場，第二次世界大戰時期與德、日等侵略者合作的人物都被斥為「通敵者」、「漢奸」，對淪陷區的研究集中在「奧斯威辛集中營」和「南京大屠殺」。近年來學者開始強調所謂「協力」（collaboration）現象的複雜性與模糊性（ambiguities），批評民族主義視角對歷史的簡單化。

比如對法國人在德國佔領時期（1940–1944）的抵抗史，學界最起碼經歷了兩次範式轉移。1945年法國重光後，戴高樂（Charles de Gaulle）將軍和法國共產黨都聲稱法國人在自己的領導下勇敢地抵抗納粹德國，但這種抵抗的迷思在1960年代遭到質疑：法國人發現有相當一部分國民支持為德國服務的維希政權（Vichy France）；更多的人並非奮力抵抗，而是基於利益算計，冷眼旁觀究竟哪方可以獲勝，以便日後倒向勝利者；更有甚者成了維希政權的幫兇，將數以萬計的猶太人送上了不歸路。近幾年來學界出現新的範式，又重新強調「法國人是抵抗的」。新的研究不去談零星而微弱的有組織的抵抗，而是把焦點集中在法國人的「不合作姿態」（gestures of non-consent），比如閱讀被禁書刊、偷

聽英國廣播公司 (BBC) 的廣播、匿藏被追捕的飛行員、掩護抵
抗者、拯救猶太人等行為。透過強調這些方面，學者認為法國人
的抵抗不僅是一個大眾行為，甚至蔚為一種社會運動。戰後法國
歷屆政府都試圖形塑法國人對於那段歷史的記憶，這種範式轉移
反映了社會心態的變化以及不同社會群體對於歷史解釋權的
爭奪。[1]

　　這種學術潮流體現在中國史方面，則是強調中國人在選擇抵
抗還是合作時的模糊態度以及傀儡政權內部的複雜性。比如，
「漢奸」之所以選擇與日本人合作，並非賣國求榮，而是權宜之
計，甚至是一種為了國家利益的自我犧牲。有學者注意到「忠奸
之辨」並非絕對，「漢奸」問題是一個動態的過程，有其複雜的社
會背景，而忠奸的界線亦總是隨社會背景的變化而移動。[2]「孤
島」時期在上海生活的外國人亦不例外，他們基於如何更好地謀
生，選擇是否與日本人合作。商人選擇留下來還是把企業搬到國
統區，未必基於愛國心，而是盡最大可能地保護自己的財產。在

1　Philip Nord, "Review of David Brake, *Paris at War: 1939–1944*; Robert Gildea, *Fighters in the Shadows: A New History of the French Resistance*; Olivier Wieviorka, *The French Resistance*," *American Historical Review*, Vol. 122, No. 2 (2017), pp. 474–78; Olivier Wieviorka, *Divided Memory: French Recollections of World War II from the Liberation to the Present* (New Haven, CT: Yale University Press, 2006).

2　羅久蓉：《她的審判：近代中國國族與性別意義下的忠奸之辨》（臺北：中央研究院近代史研究所，2013）；〈中日戰爭時期蔣汪雙簧論述〉，《新史學》，第 15 卷第 3 期（2004 年 9 月），頁 147–202。

有的歷史學家看來，某些在淪陷區與國統區之間倒賣物資的所謂
「路路通」的商人行徑，不必從民族大義來苛責，因為這種交易
在某種程度上使得兩個區域的居民都能獲益。淪陷區與國統區之
間的界線不再涇渭分明，而是有着持續的互動。[3]

　　學界對汪政權的評價也逐漸變得中立，戰後一直襲用的「汪
偽政權」逐漸去掉「偽」字，開始承認汪政權在維持淪陷區秩序方
面的貢獻。關於蔣介石政權的「除奸」行動，也從讚揚轉變為強
調其對淪陷區或租界的社會秩序造成的破壞。太平洋戰爭後，日
本人不再透過傀儡政權統治上海，而是對其實行直接統治，當地
人沒有反抗，坦然接受了日本政權。[4] 最新的研究亦指出，上至
達官顯要，下至升斗小民，都有很多人希望中日之間講和，只是
大部分人不敢公開提倡罷了。在中日戰爭中從未停止過和談，和
談的歷史亦是中日戰爭的重要一環。[5]

3　Wen-hsin Yeh, ed., *Wartime Shanghai* (New York: Routledge, 1998); Parks M. Coble, *Chinese Capitalists in Japan's New Order: The Occupied Lower Yangzi, 1937–1945* (Berkeley, CA: University of California Press, 2003); Christian Henriot and Wen-hsin Yeh, eds., *In the Shadow of the Rising Sun: Shanghai under Japanese Occupation* (New York: Cambridge University Press, 2004); Timothy Brook, *Collaboration: Japanese Agents and Local Elites in Wartime China* (Cambridge, MA: Harvard University Press, 2005).

4　Frederic Wakeman, Jr., *The Shanghai Badlands: Wartime Terrorism and Urban Crime, 1937–1941* (New York: Cambridge University Press, 1996).

5　邵銘煌：《和比戰難？：八年抗戰的暗流》(臺北：政大出版社，2017)。

　　《劫後「天堂」》無疑應該歸入這種強調複雜性與模糊性的學術範式中，其獨到的學術貢獻在於把討論深入到日常生活、物質文化與地域差異的層面，解構整體性、民族主義的忠奸論述。作為明清史專家，巫仁恕有能力將蘇州的戰時歷史放入明清以來中國城市史的大脈絡中，作更貫通的思考。太平天國之亂後，以傳統手工業為動力的「蘇杭型城市」逐漸退出近代歷史舞台，聚集現代化企業的上海迅速崛起。禍兮福之所倚，沒想到戰爭給了蘇州這樣一個衰敗的城市重新繁榮的發展契機。

　　巫仁恕進而提出了一個研究近代城市史的新主題，即「戰爭下的繁榮城市」，以探究戰爭影響下城市發展的另一種形態。這一論題似可為如今已顯疲態的城市史和中日戰爭史研究注入新的動力，但仍有待透過與其他個案的比較加以豐富與深化。比如，1927年國民黨定都南京後，城市建設一日千里，大量行政人員遷入。1927年南京人口只有36萬，到1931年已經增至56萬，1935年達百萬。南京城瞬間繁榮起來，住房不敷居住，休閒行業亦大為興盛，大量難民湧入，社會貧富懸殊。南京這種繁榮模式與汪政權下的蘇州有何異同？又如，香港的發展得益於二十世紀幾次戰亂時大量難民移入所帶來的資金和勞動力。與香港這一個案相比，中日戰爭下的繁榮城市獨特之處何在？

　　淪陷區城市史研究一向集中在上海，史料豐富、歷史情況特殊可能是吸引學者的重要原因之一。本書說明，對上海的研究並不足以幫助我們窺一斑而知淪陷城市史的全豹。作為江南的一個中等規模的城市，蘇州在歷史上曾扮演重要的經濟、文化角色，

其淪陷後的遭遇無疑可以豐富我們對戰時城市史的瞭解。另一方面，以往大部分研究均以從上到下的視角來看日本政府或汪政府如何統治淪陷區，《劫後「天堂」》卻從社會面向反觀汪政府的作為，畢竟政府與民眾的利益並非總是一致。本書不僅具體而微地呈現了淪陷後蘇州的社會結構、社會心理、消費行為發生的變化，還透過探究休閒行業與汪政權之間的互動，幫助我們瞭解汪政權如何統治城市、其控制力有多大，以及民眾如何反抗。

戰爭下的大眾消費史

《劫後「天堂」》最大的亮點還是對二戰時期的消費史研究做出的貢獻。發現戰爭致使城市繁華，巫仁恕並非第一人。以魏斐德（Frederic Wakeman, Jr.）為首的研究戰時上海的學者已經指出，戰爭使上海租界的消費業變得前所未有地發達。但用一本專著的篇幅來探討該議題，本書似為第一本。

戰時中國城市消費史的研究寥寥無幾，一方面是因為戰後歷屆政府對淪陷城市的繁華諱莫如深，另一方面是則因為西方消費史研究的內在困局。消費史研究的興起得益於冷戰時期美國大眾消費社會（mass consumption society）的出現，以消費促生產的消費主義模式比強調積累優先於消費的社會主義模式更具吸引力。在消費方式上，自由世界戰勝了共產世界。職是之故，首先，消費史的研究視角是美國中心的，其中的重要預設是：只有政治民

主的社會才可能有消費的增長，法西斯統治下的社會絕無這種可能。其次，法西斯社會的繁華只維持了短暫數年，之後在盟軍的攻擊下變得滿目瘡痍，瞬間的繁華很快被忽略了。然而事實上，消費不只侷限於民主環境，專制社會也有消費。

近年來，對戰時消費史的研究開始強調，二戰不僅沒有阻礙消費，反而在很多方面成為現代大眾消費社會發展的重要時機。[6] 二戰在擁有消費社會的現代國家展開，維持甚至提高了戰時的消費水平。例如，納粹統治下的德國，消費增長迅速，國民的消費需求得到巨大滿足。有學者認為，除了意識形態外，物質上的滿足也是德國民眾願意支持希特勒（Adolf Hitler）、甘心成為納粹幫兇的重要原因。[7] 研究發現，在日本，大眾消費社會的形成以及休閒的商業化（commercialized leisure）也是在戰時得以實現的。[8] 在整個1930年代，日本對華侵略不斷升級，開支大增，大部分

6　Hartmut Berghoff, Jan L. Logemann, Felix Römer, eds., *The Consumer on the Home Front: Second World War Civilian Consumption in Comparative Perspective* (New York: Oxford University Press, 2017), p. 6.

7　S. Jonathan Wiesen, "National Socialism and Consumption," in Frank Trentmann ed., *The Oxford Handbook of the History of Consumption* (New York: Oxford University Press, 2012), pp. 433–50; Götz Aly, *Hitler's Beneficiaries: Plunder, Racial War, and the Nazi Welfare State*, trans. Jefferson Chase (London: Verso Books, 2016).

8　Andrew Gordon, "Consumption, Leisure and the Middle Class in Transwar Japan," *Social Science Japan Journal*, Vol. 10, No. 1 (2007), pp. 1–21.

日本人的生活卻相當優裕。[9] 從一戰時期德國因物資供應不足而失敗的教訓中，日本認識到消費對維持軍隊以及後方士氣的重要性，始終把物質消費作為頭等大事。因此，在包括中國在內的日佔區，日本從未施行過德國那種透過剝奪糧食來消滅佔領區民眾抵抗力量的殘酷手段。[10]

西方學界主要聚焦於研究「總體戰」下德日等侵略國的大後方，而《劫後「天堂」》一書對被侵略國的消費史研究無疑可以豐富二戰消費史這一議題。儘管中日戰爭短暫地阻礙了蘇州休閒消費的發展，一旦蘇州恢復安定，消費迅猛回復和發展，消費方式更融入現代元素，如中西合璧的菜館、音樂咖啡館、女招待的出現等。但於戰後美國社會一味鼓勵消費不同，日本人與汪政權的戰時消費觀陷入一系列的矛盾當中：一方面，保證消費是維持士氣以及統治合法性的手段。透過維持和平與富足，並與重慶政府統治下的顛沛和貧窮相對比，日本人試圖證明不要頑抗、與日本合作才是正途；另一方面，「大東亞共榮」的目標又使得日本人和汪政權不能允許治下的民眾耽於享樂，忘記他們所承擔的如「和平建國」這樣更高的理想。日本聲稱要「超克近代」（overcome

---

9　安德魯·戈登（Andrew Gordon）著，李朝津譯：《200年日本史：德川以來的近代化進程》，增訂版（香港：中文大學出版社，2014），頁280。

10　Sheldon Garon, "The Home Front and Food Insecurity in Wartime Japan: A Transnational Perspective," in *The Consumer on the Home Front*, pp. 29–53.

modernity）、排除英美文化的影響，而消費主義在日本人眼中就是「墮落無恥」的西方生活方式，不應鼓勵，應予消滅。

戰時最重要的是軍事，如何汲取資源為戰爭服務成為首要考量，這尤其表現在處理鴉片的問題上。一方面，日本政府宣稱中國人吸食鴉片，毫無自控能力，中國無資格成為文明國，應該由不吸食鴉片的日本人來領導亞洲。另一方面，為了獲得養戰需要的大量資源，日本在中國銷售鴉片煙、收取高額稅收，滿洲國幾乎淪為一個鴉片國。[11] 在戰時，節約物資以貢獻戰爭成為政府的基本政策，尤其當物資緊張時，要求百姓勒緊褲腰帶過苦日子，也是無可奈何的變計。《劫後「天堂」》細緻考察了汪政權在管理蘇州消費業上的政策，指出其遭遇的難題與其無法自洽的消費觀相關。這些都是研究者較少探討的問題。

二戰消費史研究的一個出發點，是重新評價德、日等國的戰時歷史在該國現代史中的角色。通過對消費史的研究，學界認為二戰時期德、日等國消費的發展是這些國家形塑大眾消費社會過程中的一個環節，而非阻礙了消費社會的發展。戰時的消費經驗既承接了戰前消費社會的興起，也連結了戰後消費社會的蓬勃，是承上啟下的一個重要階段。戰時這些國家對消費的積極干預，

11　Miriam Kingsberg, *Moral Nation: Modern Japan and Narcotics in Global History* (Berkeley, CA: University of California Press, 2014).

亦是戰後福利社會興起的濫觴。[12] 因此，戰時的歷史並非一團漆黑，也有其積極的面向。反觀中國，中日戰爭後不是開始重建消費社會，而是迅速陷入了國共內戰。1949年，共產中國成立，消費方式也進入了與戰時完全不同的軌道。但《劫後「天堂」》似乎在強調一種連續性，即把1980年代末中國市場化改革後出現的消費社會與戰時淪陷區的繁榮，甚至晚明的「奢華」加以勾連，認為其中有一脈相承之處。這是否有說服力，見仁見智。但本書為1949年諸多國人選擇留在大陸找到了一個很好的解釋：他們「多認為在日寇佔領時，尚且可以照舊生活；中共究係同胞，當不難周旋共處」。[13]

本文初稿以「再思戰爭下的繁榮城市」為題，
發表於《二十一世紀》（香港中文大學·中國文化研究所），
第169期（2018年10月），頁139–47。

12　Hartmut Berghoff, "Consumption on the Home Front during the Second World War: A Transnational Perspective," in *The Consumer on the Home Front*, pp. 3–25.

13　姚崧齡：《陳光甫的一生》（臺北：傳記文學出版社，1984），頁131。

破除中國中心

海外華人研究過去大多聚焦於研究對象的「中國性」，強調他們與中國的聯繫。但海外華人不僅是中國史的一部分，更是其居住國歷史的重要組成部分。這群漂流在多重世界交匯處的人群，不應該被任何單一國家或單一文化視角所定義。

多重世界的交匯處
王賡武與海外華人研究

讀王賡武：《家園何處是》
Wang Gungwu, *Home Is Not Here*
(Singapore: National University of Singapore Press, 2018)

2018年，同年出生的兩位海外歷史學家余英時和王賡武先生都出版了回憶錄。《余英時回憶錄》為中文著作，出版後洛陽紙貴，臺北的書店一度賣到脫銷。王賡武在新加坡出版的英文回憶錄《家園何處是》(*Home Is Not Here*)，則中文讀者關注不多。[1] 王賡武在該回憶錄中詳述自己從出生到十九歲之前的成長經歷，他說自己寫作的初衷，是通過講述自身經歷，使子女們知道這個世界究竟發生了多大的變化，同時以此紀念已經往生的父母。後來，王賡武受到一些積極從事歷史文化遺產保護人士的啟發，認識到自己研究歷史的方法其實是「偏頗」的：他對中國歷史的分析視角，多受到歐洲史及儒家觀念的影響，反而忽視了歷史親歷者自己的感受。因此，他決定將這一為子女而寫的回憶文字修改出版，留下一份當事人對歷史的個人化紀錄，以此鼓勵更多人分享自己的經歷。

1　編註：王賡武回憶錄中文版兩冊《家園何處是》、《心安即是家》已由香港中文大學出版社出版。

　　王賡武先生是著名歷史學家，曾擔任馬來亞大學文學院院長、澳大利亞國立大學遠東歷史系主任、香港大學校長、新加坡國立大學特級教授、東亞研究所所長等職。他學識淵博，對五代史、東南亞與中國關係史、海洋史、世界史，以及海外華人史都有深入研究。這部傳記只涉及年少的時光，如要瞭解他成年後的經歷，需要閱讀他和太太林娉婷合寫的回憶錄第二部《心安即是家》。[2] 然而，如果將這部自傳放入民國史和東南亞史的背景下來解讀，卻是瞭解民國時期一個中國家庭在南洋的生活經歷，以及一些華人的國族認同如何發生改變的珍貴紀錄。王賡武先生一直主張，「海外華人應該被置於他們各自的國家背景下進行研究，需要擺脫佔主導地位的中國中心論」。因此，這本回憶錄也可以幫助我們理解他的這一視角與其個人經歷的關聯。

怡保與南京

　　王賡武十九歲前曾住過三個國家，荷屬印尼、英屬馬來亞和中華民國。這種跨國族的生活經歷在海外華人中並不鮮見。他坦言，對自己影響最深的是兩個地方，一個是馬來亞的怡保，另一個是南京。王賡武於 1930 年出生於荷屬印尼的泗水，父親王宓文

2　Wang Gungwu, with Margaret Wang, *Home Is Where We Are* (Singapore: National University of Singapore Press, 2020).

當時擔任泗水華僑中學校長。王宓文生於1903年，祖籍江蘇泰州。少時讀四書五經，五四運動後入新學堂學數理與英文，後考入南京的高等師範學校。他愛好文學，又想提高英語，選擇英國文學為專業。畢業後，南京國民政府教育部為南洋華校招聘中文教師，中英皆通的王宓文被聘用。他先後在印尼、新加坡的多所中學擔任教師或校長。1931年他擔任英屬馬來亞霹靂州華校視學官，二戰後升任馬來亞教育總長華校總視學官，退休後曾出任某中學校長，一生致力於新馬華校的教育。王宓文工書法、音韻學與舊體詩，留下不少作品，收入2002年王賡武編輯出版的《王宓文紀念集》中。[3] 但王宓文畢竟不同於舊時的儒生，他國學有根基，同時也受過英文教育，服務英屬馬來亞聯邦教育行政官署多年。據師友回憶，他英語流利，仿佛英校出身，連走路姿勢都很像英國人，但談吐、舉止、風度，甚至思想作風仍是儒者風度。

母親丁儼於1905年出生於江蘇東臺一個仕宦家庭，民國後家道衰落。因家庭保守，兒女都不許上新式學校，科舉廢止後仍習儒學。除家務針繡外，丁儼陪兄弟輩讀書寫字，能寫一手漂亮的小楷。依父母之命，她嫁給了從未謀面的窮家讀書人王宓文，跟隨丈夫下南洋，操持家務。

王賡武在馬來亞霹靂州的怡保市長大。怡保有錫礦，需要大量華工，華人也成了該鎮人口最多的族群。怡保的華工主要來自

3　王賡武編：《王宓文紀念集》（新澤西：八方文化企業公司，2002）。

福建和廣東。當時華人常以地緣和方言區分親疏，來自江蘇的王宓文夫婦交往最多的，還是受過良好教育的江浙人。當時的怡保是一個典型的英屬馬來統治下的多族群城鎮。各族群社會地位不同，分工各異。英國人是殖民者，從事管理工作，華人和印度人做工或從商，馬來人則住在郊區山村，從事農業。從小生活在怡保的王賡武，學會了與不同族群的人相處。

進入二十世紀後，英國人認為，所有的孩子都應該接受一定程度的教育。馬來亞的英國殖民政府支持該理念，但說得多，做得少，沒能提供足夠的教育資源。同時，殖民政府的教育政策傾向於讓各個族群接受本族群語言的教育，以培訓學生擔當在殖民社會中各自的經濟角色。大部分華人認為自己在馬來亞只是僑居，早晚會回到祖國，應該學習母語。因此馬來亞華人的子女基本都進入華校，接受中文教育。這也就是王宓文被聘請至南洋華校任教的原因。

與大部分華人選擇讓孩子上華校、接受中文教育不同，王宓文選擇讓兒子上英語學校，這對王賡武的一生影響巨大。據王賡武解釋，父親愛好英國文學，儘管在大學時期以此為專業，但一直遺憾未能從小開始學習英語。既然有機會，就應該讓兒子早點開始學英語。至於中文及儒家經典，他自信可以在家教授，不必入華校。從此，王賡武在學校接受英語教育，回家則跟父親學習中文。1942年，日本佔領馬來亞，王宓文不願意兒子接受日本殖民教育，終止了他的學校教育。幸運的是，當時父親受馬來亞教育部官員委託，管理由英國商人和官員寄存的大量英文書，而

其中的文學書成為王賡武的英文讀物，極大地開闊了他的視野，
提高了英語閱讀能力。戰時有華人鄰居發現王賡武懂英語，於是
安排他偷聽收音機中的英語新聞，報告戰事進展，這又大大提高
了他的英語聽力。1947年，父母終於有了回國的條件，舉家返
回南京。一年後，因父親身體不適，父母只好返回馬來亞。此
時王賡武已考入南京的中央大學，入讀外文系。1948年11月，
國共三大戰役之一的淮海戰役在離南京不遠的徐州打響，中央大
學被迫停辦。1948年12月，因擔心兒子的安全，父母多次寫信
催促，還買好了回馬來亞的船票。儘管並不情願，王賡武仍返回
怡保與父母團聚，之後進入新加坡馬來亞大學繼續學業。

家在中國

　　馬來亞的怡保雖然是王賡武全家生活之所，父母卻從未打算
在此定居。像當時大部分下南洋的中國人一樣，出國只為謀生，
隨時準備回國，這是一種典型的「華僑」心態。從王賡武記事起，
父母就一直在為回國作計畫，家庭的一切安排都圍繞這一目的。
為了減少回國的費用，父母甚至只要了一個孩子。因為無意久
留，父母對當地的政治沒有興趣，也與當地人少有交往，甚至連
華人舉辦的活動也從不參加，偶爾去鎮上也只為購物或看電影。
因為文化上的優越感，父母對馬來亞不無偏見，如母親曾認為熱
帶水果不健康，不許兒子食用。因為人在他鄉，未能與親人團

聚，思鄉之苦使父母常為兒子構建出一個他們唯恐失去的「美好」
中國。因為兒子出生在異國他鄉，怕他忘記自己是中國人，父母
會不斷講述中國的事情，母親尤其積極。為將來回國計，母親在
王賡武三歲時，就開始教他學習中文。即使父親選擇讓兒子進英
校，也主要是為利用在國外學習英語的便利，將來回國後可能無
此條件，並非要他落地生根。在家中，父母則輔導兒子學習古
文，從《三字經》、《千字文》開始，「孔融讓梨」和「司馬光砸缸」
等故事亦是進行道德教育的素材。

　　因為家庭的影響，王賡武從小確信，自己的家在中國，並且
會很快回國。然而，生在泗水、長在怡保的王賡武，與父母的經
歷畢竟不同，對中國和馬來亞的認同亦有差異。父母對當地事務
缺少參與的興趣，但王賡武卻很喜歡怡保，覺得在這個多族群的
環境下生活很自在。英校使用英屬殖民地的通用教材，學校將學
生當成英屬馬來亞人，並培養學生崇拜英國的感情。同班同學基
本來自各個族群的精英家庭，在學校裏王賡武不僅學到英語，也
學到如何與不同的族群共處。回到家中，父母的家庭教育，以及
接觸到的父母的朋友，則只是關於中國。王賡武學會了在兩個世
界之間靈活地轉換，儘管在言行和思想上，這兩種認同從未能有
所交叉。王賡武從小就發現，即使是當地的華人，生活方式也是
多種多樣：有的如自己的父母一般，隨時準備回國；有的完全適
應了當地的生活，對中國事務已經興趣不大，傾向於定居此地。
計劃定居的人建立了自己的廟宇，組織各種社團，拜神祭祀，熱
心參與當地活動。華人講粵語、閩南話等各種方言，為當地帶來

中國不同地方的文化。父母教給王賡武的是以四書五經為代表的中國大傳統，而大部分華人帶到馬來亞的則是下層社會的小傳統，後者也讓他迷戀。

1937年中日戰爭爆發後，中國成為戰場，父母不再提回國，王賡武於是安心在怡保生活。1941年底，日本侵略馬來亞，怡保遭到轟炸，全家只得搬到附近的城鎮。與老朋友斷絕了聯繫，認識了新的華人朋友，王賡武卻發現自己形成了一種可稱為「怡保華人」的認同。二戰結束後，父母終於回到了老家，父親在南京找到了工作，王賡武也入讀中央大學。父母的愛國心卻遭遇嚴重挫折：在熱帶地區生活二十多年後，王宓文先生已過不慣南京寒冷的冬天，身患重病，只得返回怡保，他鄉也終於成為故鄉。同時，因為國民政府的無能和腐敗，父母對中華民國逐漸失望。淮海戰役打響後，王賡武也應雙親所請離開南京，回到了怡保。

二戰結束後，有些東南亞國家驅逐了殖民者，實現了民族獨立，但馬來亞並未獨立，仍然由英國人統治。英國人希望回到戰前狀態，然而馬來亞已經變了。一個明顯的變化，就是族群矛盾變得空前緊張。戰前，為方便管治，英國人對馬來亞實行「分而治之」的政策，對族群加以區隔，馬來人、華人、印度人各有經濟角色，不僅不團結，甚至互有敵意。日本佔領期間，為了動員當地人反抗歐洲殖民者，日本人鼓吹「亞洲是亞洲人的亞洲」，激發了馬來人的民族認同。英國人被日軍擊敗、被迫遊街羞辱的場景，讓不可一世的白人殖民者的形象從此一落千丈。英國人再也無法像戰前那樣讓當地人仰視，於是反對殖民、建立馬來人自己的國家

的訴求也變得順理成章。二戰前，馬來人的族群意識還沒有形成，殖民當局認為中國人和印度人只是僑居者，因此只壓制反殖民觀念的傳播，華人可以公開表達自己的中國認同。中華民國的誕生，南洋華僑居功至偉，孫中山曾讚揚「華僑是革命之母」。此後，民國政府也一直將南洋視為錢櫃，成立專門的機構處理南洋事務，不斷強化華人的中國認同以獲取經濟援助。同時，國民黨也努力阻止華人參與當地政治，生怕他們忘記祖國。華校是國民黨影響華人的主要基地，教材來自中國，老師聘自中國，華人子弟接受與在中國的學生一樣的教育。很多華人子弟儘管沒有在中國生活過一天，卻通常都有一種「學校裏教出來的中國認同」。同時，因為世界不少國家都通過了排華法案，華人亦需要尋求中華民國政府的保護。因此，中國國內發生的政治運動常能得到南洋華人的積極回應，有時激烈程度甚至引起殖民當局的恐慌。王宓文擔任的華校視學官，就是英國人為監督華校的政治傾向所設立的官職。

中日戰爭時期，南洋華人的中國認同達到了最高點，捐錢捐物，以抵抗日軍侵華。1939年，音樂家夏之秋率領的武漢合唱團來到馬來亞巡迴演出，為抗戰募捐，獲得巨大反響。王賡武至今還記得合唱團來怡保演出時所唱的抗日歌曲，如《歌八百壯士》、《中國不會亡》、《義勇軍進行曲》、《松花江上》等如何打動當地華人的心，有人還因此決定回國參加抗戰。戰後，馬來人的民族意識勃興，英國殖民者也已經無力再壓制其反抗殖民統治、建立馬來人自己的國家的願望。一個新的國家即將從英國人捏合在一起的殖民地保護國破土而出。因為華人在經濟上遠比馬來人成功，從當

地賺取的大量資金通常寄回中國，這些都被馬來人視為華人與英國勾結，殖民馬來人的行徑。當地人對此憤恨不已，族群矛盾激化。這時，華人開始面臨要麼回國、要麼調整國族認同的問題。

父母回到馬來亞後，因為無法認同共產中國，怡保的物質生活也有了很大改善，已經決定在當地定居，從僑居者變為公民。王賡武要想繼續學業，進入當地的馬來亞大學是唯一的選擇。為了提高被錄取的概率，父親決定讓兒子放棄中國國籍，入籍馬來亞聯邦。王賡武也必須重新調整自己的國族認同，參與到多族群的馬來亞新國家的建設中。

如何研究海外華人

海外華人研究的首要問題是辨析各種名詞。那些定居在海外、獲得了居住國國籍的人，應該如何稱呼？「華僑」(sojourner)、「散居者」(diaspora)、「海外華人」(overseas Chinese) 還是「華裔」(Chinese overseas)？這些名詞的爭議背後，是對海外華人國族認同，即所謂「中國性」(Chineseness) 的不同假設，以及不同的研究方法的選擇。海外華人究竟算不算中國人？[4] 海外華人研究屬

4　王賡武：《移民與興起的中國》(新加坡：八方文化創作室，2005)，頁154–67；劉宏、黃堅立主編：《海外華人研究的大視野與新方向：王賡武教授論文選》(新澤西：八方文化企業公司，2002)。

於中國史還是外國史研究的範疇？「華僑」這一產生於1890年代、自1911年辛亥革命後被廣泛用來稱呼所有海外華人的稱謂，爭議尤多。從中國的角度看，這一稱謂富有強烈的感情色彩，曾是用來促進國內外所有華人團結一致的稱呼。按照這個稱呼，海外華人似乎只是僑居海外的群體，只有中國認同，一旦有條件，終究會落葉歸根。從居住國的角度看，這一稱謂卻成為擔心華人永遠不會效忠居住國的證據。王賡武的個人經歷，以及他在馬來亞的所見所聞證明，海外華人群體的成員其實各不相同，認同各異，以「海外華人」或「華裔」來稱呼，比「華僑」更符合事實，也更有利於他們在居住國安居。海外華人研究不只是中國史的一部分，更是其居住國歷史的重要組成部分。因此，單一國家的視角或單一文化的視角，不足以闡釋華人歷史的複雜性。「南洋」並非一個整體，印尼、馬來亞、新加坡、泰國歷史不同，華人的經歷也各異，應該將華人放回各國不同的歷史背景中加以研究。儘管華人在不同國家的遭遇不同，但在王賡武看來，所有海外華人都需要和居住國的其他國民一起，重寫該國的歷史，建構一種新的、更具包容性的歷史論述。在新的論述中，華人的歷史應融入該國歷史中。與其他族群一樣，華人都是居住國歷史的締造者。只有建立在這種史觀上的國史，才能有助於減少華人與其他族群的摩擦，使他們更好地為居住國所接納。

王賡武人生最初的十九年中，十七年在馬來亞，十八個月在南京。他說自己首要的研究興趣不是海外華人史，中國對外部世界，尤其是那些離開了中國、在外國定居的華人究竟意味着什

麼，才是吸引他研究華人的原因。他承認這一問題意識，首先來自他對怡保和南京的記憶。「我明確地知道，在心裏我將永遠是中國人，熱愛我的父母和在南京的老師與同學教我去愛的那個中國。」（頁 207）他認為他的國家認同與中國文化認同之間，不僅沒有衝突，反而成為自己學術研究的出發點。因為在海外出生、長大，王賡武的心態也與余英時先生不同。他沒有那種中國文化遺民的情結，心態更加開放，能夠接受中國的改變，並多次造訪中國。他出版了大量研究中國的著作，英文是其主要的工作語言。他不是以文字為故國招魂，而是從邊緣看中華。

本文原載於《上海書評》，2020 年 2 月 12 日。

國際關係不只是高層外交

傅高義研究國際關係史（history of international relations），更強調「inter」而不是「national」，即把重心放在個人或群體間的跨國境互動，而不是主權國家間的外交行為。

換一個視角，就能發現為傳統外交史研究所忽略的世界。

以1500年歷史化解中日關係的死結
傅高義的中日關係史觀

讀傅高義 (Ezra F. Vogel) 著，毛升譯：
《中國和日本：1500年的交流史》
（香港：香港中文大學出版社，2019）

1932年1月，為了轉移國際社會對日本侵略滿洲的注意力，日本駐上海公使館策劃了「日僧事件」，此事成為「一二八事變」的導火索。日本對上海的進攻，遭到國民黨將領蔣光鼐和蔡廷鍇領導的十九路軍的頑強抵抗。戰爭持續了三個月，經英美諸國大使的調解，中日雙方才同意停火。4月29日是昭和天皇裕仁的生日，日本人在上海虹口公園舉辦慶祝停火的典禮。典禮開始，駐華公使重光葵、陸軍大臣白川義則、司令官野村吉三郎、總領事村井倉松、日本僑民協會主席河端貞次陸續走上了主席台。就在樂隊奏響國歌《君之代》時，一名韓國人走近主席台，扔出了一顆炸彈。河端當場被炸死；白川受傷，一個月後不治身亡；重光葵則身受重創，右腿膝蓋以下截肢。

因為這起爆炸事件，簽署停火協議一事被推遲至5月5日。代表日方的重光葵，簽字時正躺在醫院的病床上，準備截肢。他病得幾乎無法說話，但還是對手持停火協議文件的國民政府外交部官員張似旭說：「請告訴貴國人民，我真誠地希望我們能和平

相處。」張似旭有些感動，想和他握手。重光葵伸出左手，用包着繃帶的右手輕輕拍了他幾下。接着，張似旭將日方簽署的協議書送至外交部政務次長郭泰祺的病床前，由郭代表國民政府簽字。郭泰祺曾遭到一群強烈反對停火協議的學生毆打，也住院了。為了防止再度遭到激進學生的襲擊，他的病房一直由五位警察看守。哈佛大學榮休教授傅高義在《中國和日本：1500年的交流史》一書中，詳細講述了這個故事，他認為這個歷史片段昭示了中日關係的一個教訓：和則兩利，鬥則兩傷。

《中國和日本》是一本充滿善意之書。一位自認是中日兩國共同朋友的美國人，痛心於兩國之間不斷激化的矛盾，希望能化解彼此的誤會與敵意。為此，他花了七年時間，參考無數資料，完成了這本著作。今天，倡導中日和解的人不在少數，但和解的基礎不應是忘記歷史，或對過去諱莫如深，而是要用新的、建設性的視角看待歷史。傅高義教授的著作就是一個重要的嘗試，也是該書最大的貢獻所在。

《中國和日本》是關於中日之間1500年的交流史，即有史料可證的歷史。全書共十二章，從593年推古天皇執掌大和政權，開始引入中國文明講起，一直講到習近平與安倍時代的中日關係。第一章從600年大和王朝派遣第一批使團前往中國，寫到838年最後一次遣使，這兩百多年間日本如何學習和借鑑中國文化。那段時期，日本向中國的學習是全方位的，包括漢字、政治制度、佛教、儒學、建築、文學、音樂、鑄幣等，這些都成為今天日本文化的基本組成部份。第二章討論的時段是838年至1862年。通

過學習中國，日本已經從一個靠氏族關係聯合起來的政治體，轉變為一個中央集權的國家，其政治制度、哲學、宗教、藝術已達到相當高的程度。之後，日本學習中國的進程還在繼續，但規模要小得多，來自中國的元素沒有再像此前那樣為日本帶來重大的文明轉型。相反，日本的國家主體性卻在增強，試圖謀取與中國的平等地位，甚至停止了向中國派遣朝貢使節團這一傳統做法。在此期間，蒙古可汗忽必烈和日本的豐臣秀吉都曾挑起戰爭，但這兩位強人誰也沒能征服對方國家。除他們之外，絕大多數中日兩國的統治者，還是希望能和平共處。在這長達一千年的時間裏，兩國間雖然沒有官方的接觸，但民間的貿易關係仍在持續。

從第三章開始，本書主要處理近現代中日關係史。自英國在第一次鴉片戰爭中擊敗中國、美國海軍準將馬修・佩里打開日本國門後，中日兩國再也無法偏安，被迫進入世界體系。日本因為領土小，人口同質性高，危機感強，迅速對西方的衝擊做出了回應，實現了現代化。晚清朝廷對本國實力要自信得多，學習西方的熱情不高，現代化進程遠落後於日本。儘管中國對日本缺乏興趣，自 1860 年代早期，日本已試圖與中國建立外交關係。1873 年日本在北京成立外交辦事處，幾年後，大清國駐日本國公使館也在東京成立。

1882 年中日兩國在朝鮮發生衝突，最終觸發甲午戰爭，這是第四章討論的議題。1882 年朝鮮發生壬午事變，中日兩國分別派兵入朝，並發生軍事衝突，中方獲勝。此後，日本將更多資源投入軍隊建設，加強對中國的情報收集工作，為將來與中國可

能發生的戰事做準備。在日本，越來越多的知識分子開始批評並鼓吹脫離中國文化，民眾對保護本國海外利益的支持率不斷升溫，中日在朝鮮問題上的緊張關係也不斷升級。1894年，曾在朝鮮發動政變的金玉均被殺，肢解後的遺體在朝鮮多個城市示眾。在朝鮮官方看來，金玉均是一個犯上作亂的罪犯，而日本報刊卻視其為致力推進朝鮮現代化的愛國人士，他的遇刺激怒了日本民眾。不久，朝鮮又爆發了東學黨起義。為平息叛亂，朝鮮請求宗主國清朝派兵。為保護在朝鮮的利益，日本也決定派兵。中日在朝鮮發生衝突，最終導致1894年的甲午戰爭，結果中國慘敗。

第五章主要講述的是甲午戰敗後，晚清如何以日為師，希望實現現代化。同時，日本也有意增強自己在中國的影響力，願意通過援助清政府，減少西方列強對中國的控制，實現日本對中國的主導。除了發動「百日維新」仿效日本的君主立憲外，清政府派出大量留學生赴日留學，大批官員組成考察團赴日參觀學習，並聘請日本教習來中國擔任教學工作。這是中日關係史上出現的一個不尋常的現象，中日之間的師徒關係第一次發生了逆轉。歷史上，中國開始學習日本，但無論接觸的頻率、牽涉的人數都遠超十幾個世紀前日本學習中國之時。

第六章討論日本如何治理殖民地臺灣和滿洲。日本於1895年通過《馬關條約》獲得臺灣島，從此如同西方列強一樣，擁有了殖民地。日本希望通過經營臺灣的成功，向西方列強展示自己可以成為殖民宗主國的典範，將來可擁有更多殖民地。日本殖民

臺灣儘管有暴力鎮壓的一面，也有將臺灣現代化、顯著提高臺灣生活水平的一面，比如發展經濟，推廣公共教育、禁毒、改善公共衛生等。1905 年日本擊敗俄國後，奪得南滿鐵路，開始以殖民臺灣的經驗經營滿洲，派遣大量軍隊，吸引國民移居拓殖，大量投資，以利用滿洲所能提供的巨大發展機會。九一八事變後，日本控制了滿洲全境，之後於 1932 年建立滿洲國。跟臺灣的經驗類似，日本人帶給滿洲的既有血腥的壓迫和掠奪，也讓滿洲人開始接觸到現代的生活方式。

中日何以走向 1937 年的全面戰爭，這是第七章探討的內容。傅高義認為，隨着 1911 年清朝崩潰以及 1912 年明治天皇去世後，中日之間曾經行之有效、能將兩國結合在一起的制度開始失效。無論是中國的共和政體，還是日本的大正天皇政權，都處於失序狀態。日本本土民族主義持續高漲，綁架了政府，使其無法做出理性決策。政府沒有清楚的戰略和目標，中央的權威被嚴重削弱，失去對軍隊的控制。中國對日本已有準確的全局分析，卻因缺乏統一的政府、紮實的工業基礎、精良的武器和訓練有素的軍人，沒有能力抵抗侵略。

第八章描述中日戰爭的全過程，討論了一些重要的歷史事件，如盧溝橋事變、1937 年的淞滬會戰、南京大屠殺、1938 年的徐州會戰、武漢會戰、1944 年的豫湘桂會戰（即「一號作戰」）等。本章也介紹了汪精衛政權及日本在佔領區的地方行政、未淪陷區的情況、日本本土的狀況，還有共產黨如何借勢崛起，成為戰後重要的軍事力量，以及戰爭對中日兩國造成的災難性後果等。

　　第九章主要介紹戰後日本的政治和經濟狀況，以及 1972 年中日建交前的中日關係。1945 年戰敗後，日本失去了龐大的殖民帝國，版圖縮小至甲午戰爭前的規模，「日本人」的定義收窄，不再包括殖民地人口。冷戰開始後，美國佔領軍因擔心日本會倒向共產主義，改變之前試圖摧毀日本大企業的政策，協助日本恢復經濟，使日本經濟上受益巨大。1949 年至 1972 年間，中日沒有正式的外交關係，但兩國仍然維持適量的經濟來往，民間交流也在擴大。綜觀該時期，中日關係隨兩國國內政治的變化而不斷起伏，但最主要的還是作為日本盟友的美國，為了冷戰的需要，要求日本拒絕與中國建交。基辛格秘密訪華不僅對美國國務院和國會保密，對日本更是如此。中美關係的改善造成了日美關係的緊張和日本政局的動盪，日本民眾希望能迅速改善對華關係，田中角榮因此當選為首相。

　　1972 年田中角榮訪問中國，實現中日建交正常化。1978 年鄧小平訪日，被日本的現代化所震撼，希望能將日本的發展經驗引入中國。之後，中國人又開始大量到日本留學訪問，學習日本。日本也竭力援助中國發展經濟，以補償戰爭對中國的傷害。從此，開始了中國第二次以日本為師，實現現代化的進程。1978年至 1992 年，可謂中日之間進行政治合作、文化交流、經濟聯繫和民間交流的黃金時期。然而中日邦交正常化只是一小群領導人的決策，中國媒體並沒有向大眾全面呈現日本的政治、經濟以及社會的狀況，中國民眾始終對日本缺乏瞭解，更無法設身處地去理解日本人。在兩國關係友好的時候，彼此互表善意，但中方

不許對那段不幸的歷史進行深入的討論。一旦兩國交惡，歷史問題就又會重新成為中國政府攻擊日本的武器，而民眾中的仇日情緒就會再次被煽動。這是第十章的主要內容。

第十一章描寫從1992年至2018年中日關係如何逐步惡化。1992年，明仁天皇訪問中國，這是歷史上日本天皇首次訪華，是兩國關係史上的高潮。但1992年開始出現了一些影響兩國關係的新問題，如尖閣諸島／釣魚島的主權歸屬問題。再加上，當年致力於邦交正常化的資深政治家如鄧小平、廖承志、田中角榮、大平正芳、園田直等人紛紛去世，「搭橋者」退場了，中日關係如履薄冰。同時，1989年天安門事件後，中國政府實行的愛國主義教育運動，其核心內容是通過渲染日本在二戰中犯下暴行卻始終不肯道歉，不斷激化中國人的反日情緒。1993年至2012年，是中日關係的主導權從日本主導向中國主導過渡的時期，中國超過日本，成為亞洲最大的經濟體，兩國針對尖閣諸島／釣魚島的爭議所產生的情緒也達到了頂峰。

中國開始主導中日關係的新時代的實質是什麼？兩國如何相處才能既對中日有利，也能惠及世界？這是第十二章試圖回答的問題。在本書結尾，傅高義對中日應該如何處理靖國神社、南京大屠殺、歷史教科書等一系列問題提出了自己的看法和建議。

以上是傅高義勾勒的1500年中日關係史的大致內容。全書筆墨主要落在近現代，但當作者給了我們一個長達1500年的視野時，讀者可以發現，無論中日之間的戰爭如何殘酷，在一千多年裏，那只是一瞬，並不足以定義兩國關係。和平與合作才是

1500年中日關係的主流。國家之間，尤其是鄰國之間的關係，往往錯綜複雜，恩怨情仇，不知從何説起。歷史學家在書寫歷史時，該強調什麼？傅高義強調了中日之間深入地互相學習的三個時期：600年至838年，日本學習中國文明；1895年至1937年，中國學習日本西化的經驗；1978年至1992年，中國獲得日本的技術支持和經濟援助，發展經濟。如果中日關係的主軸是深入地互相學習，那麼兩國關係史就不是一部「恨史」，而是互利、互惠、互幫、互助的交流史。由於深入的交流，中日之間共享某些文化和歷史，這一特質使得兩國人民更容易產生親近感，甚至有惺惺相惜之情。傅高義指出，西方人無論與中國人還是日本人交往時，都很難產生這種感情。本書意在強調，看待中日關係，應多強調彼此的共享之處，而非分歧。中日歷史上因共享所產生的親近感，是中日友好的基石。

突出歷史偶發性（historical contingency）是本書的第二個特點。中日和解無法跨越的一個障礙，就是日本發動的侵華戰爭。那麼，日本如何走上了戰爭之路？很多中國人相信，日本侵略中國蓄謀已久，有着周密的計畫，並一步步加以實施。有人甚至認為，日本人頻頻鞠躬的文明舉止背後，其實隱藏着邪惡的天性。在明代，日本「倭寇」就曾燒殺搶掠，攪得中國沿海不得安寧。倭寇畢竟是倭寇，到二十世紀仍難移嗜血本性，發動侵略自然也不意外。傅高義卻強調，日本侵華，既不是日本人的本性使然，亦不是一盤精心設計的棋局，只是一段偶然的歷史。明治天皇去世後，曾將中日兩國結合在一起的各種體制發生了根本變化，兩

國都無法重建一個有效而穩定的政治制度：中國出現軍閥割據，
日本的政治權力亦為軍人所竊取。日本政府無能，軍人不服東京
管制，越來越肆無忌憚。到1931年末，日本民眾的反華情緒已
異常激烈，即使關東軍佔領滿洲這一明顯的軍事獨斷，民眾也樂
見其成，還繼續予以支持。政治上的失序、軍人的不服從，以及
民眾的非理性，再加上日方嚴重低估了中國人抵抗的決心，最後
導致日本走上了萬劫不復的戰爭之路。當我們將中日戰爭這一事
件「本質化」（essentialization），將其看成歷史的「必然」，並相信
這就是日本人的「本性」使然，那麼不僅戰爭無法避免，仇恨也
無法化解。歷史偶發性則強調「機會」（chance）、「變化」（change）
與「非必要性」（unnecessity），歷史可以有多個走向，歷史中的行
動者也可以有多個選擇，走向戰爭只是各種因素機緣巧合產生的
結果，並不必然發生，也未嘗不能避免。即使是戰爭中日軍的暴
行，與其將它歸結為日本人本性邪惡，不如說他們當時面臨着一
個別無選擇的困境。

　　除了視角上富有新意，本書還博採英文、中文、日文學界有
關的研究，並努力讓各種不同的聲音都能進入中日關係的歷史論
述。對中文讀者來說，這是一個很好的瞭解非中國人，尤其是日
本學界，對於中日關係史看法的機會。除了開闊眼界，或許亦能
產生「瞭解之同情」。傅高義認為，今天中日關係已經進入了「新
時代」，從近代以來主要由日本主導，變成了由已是世界第二大
經濟體的中國主導。中日之間權勢發生轉移後，該如何相處？有
學者將今天中日之間的糾葛，形象地概括為兩個詞，即「對不起」

和「謝謝你」。中國總是指責日本，「對不起」說得太少，也說得不夠真誠。而日本則認為，自改革開放以來，中國從日本獲得了大量的經濟援助，才有了之後的經濟奇蹟，卻從來沒有充分表達過感激之情，不肯說聲「謝謝你」。既然中日間的矛盾根植於對歷史問題的認識，傅高義對中日1500年關係史的新論述，也許可以促進和解。

在今天這個強調分科治學，鼓勵做窄而深學問的時代，要講述這麼長時段的歷史，對任何學者來說都是一個巨大的挑戰，傅高義教授也不例外。儘管他是少數精通中文和日語，對中日皆有深入研究，並出版過《日本第一》和《鄧小平時代》等重要著作的學者，仍然需要研讀大量他人的研究。本書雖為紮實的學術著作，目標讀者並非專家，而是對中日關係有興趣的普通讀者。作者在寫作時，亦為此目的用心加以安排，不用術語，不引理論，多講故事，少用註釋。任何對中日關係有興趣的讀者，都能從書中學到中日關係的複雜歷史，並重新思考如何與我們的近鄰更好地相處。

不可控的操控

極權政府往往通過操控象徵符號形塑民眾，控制其日常生活。但形塑民眾的過程，絕不是政府單方面說了算，必須根據民眾的回應或抵制，不斷調整政策。形塑和被形塑之間，是一場永無止盡的談判，充滿了不可控的發展。

鍛造「新人」
毛澤東時代的大眾文化

讀余敏玲：《形塑「新人」：中共宣傳與蘇聯經驗》
（臺北：中央研究院近代史研究所，2015）

中共的新人觀

　　《形塑「新人」：中共宣傳與蘇聯經驗》一書的寫作動機主要基於余敏玲自身的成長經歷。生於臺灣，長在「反共抗俄」的政治氛圍下，作者一直試圖探究：中國的共產革命究竟從何而來？學俄語、選擇蘇聯史為專業、致力於中蘇比較研究都為該動機所驅使。毛澤東時代政治運動不斷，大陸民眾狂熱地參與其中，最極端的例子就是文革時期的紅衛兵。如何解釋這一現象？余敏玲試圖從「中共建國以來大力宣傳新人的理念與典型」這一角度來思考該問題（頁4）。本書主要討論1949年中共建政後，如何在民眾中進行旨在形塑新人的宣傳動員及蘇聯經驗對其的影響，意在處理三大議題：一是中共形塑新人觀的具體主題及隨政治環境而產生的變化。二來，為達此目的，中共如何運用文學、電影、教科書、音樂等多種藝術形式？第三，在此議題上，蘇聯的影響與中共自身的創造各是什麼？

第一章討論蘇聯小說《鋼鐵是怎樣煉成的》被翻譯進入中國的過程。小說作者奧斯特洛夫斯基是蘇聯的戰鬥英雄，因為戰鬥中多次負傷及罹患惡疾，身體狀況急劇惡化，終於雙目失明，全身癱瘓。但他不甘心成為靠政府救濟的寄生蟲，進入大學深造，最後將自己的經歷寫成小說。主人公保爾·柯察金 (Павел Корчагин) 曾是一個缺乏政治意識的少年，但經歷戰爭與革命後，在老黨員的教育啟發下成長為一個堅定的布爾什維克黨員，將獻身黨和革命事業作為人生的最高理想。該小說所鼓吹的「保爾精神」，不僅在蘇聯，也在中國成為塑造新人的重要文本。余敏玲指出，中共對「保爾精神」內涵的強調並非一以貫之，而是隨政治現實的需要而變化。國共內戰 (1945–1950) 和韓戰 (1950–1953) 時，為進行對傷殘軍人的心理建設，中共突出強調保爾身殘志堅；第一個五年計畫時期 (1953–1957)，為動員青年投身工業建設，則強調人的意志可以磨練成「鋼鐵」般堅強，要秉持保爾刻苦耐勞的精神。中蘇交惡後，中共一方面與蘇聯爭奪保爾精神的解釋權，斥蘇共為「修正主義」，以強調自身的社會主義正統性，同時推出了多個「中國保爾」供國人學習，如劉胡蘭、董存瑞和吳運鐸等。

向民眾灌輸中共意識形態的一個重要手段是教科書。第二章透過分析中小學教科書中有關二十世紀世界局勢的內容，考察中共灌輸的「國際觀」，即中共對外部世界的看法，在文革前十七年中如何變化：建政初期，教科書將世界解釋為美蘇兩個陣營的對立，中國應「以蘇聯為首」；中蘇分裂後轉而強調「三個世界」

的理論。[1] 作者指出，儘管教科書不斷根據政治情勢改寫，但一種重視階級鬥爭，將反帝國主義、反殖民主義與民族主義相結合的國際觀則一以貫之。

第三章探討中共如何以群眾歌曲向新人宣揚黨國至上的愛國觀。建國之初流行的群眾歌曲除了來自陝北的秧歌等，主要來自蘇聯。進入中國的蘇聯歌曲，表達的主題有愛國主義、共產國際主義及中蘇友好。中蘇關係緊張後，頌揚中蘇友好的蘇聯歌曲降溫，歌頌中國、歌頌黨與領袖的中文歌曲劇增。隨着政治空氣的不斷激進，歌曲的調門也變得越來越高。蘇聯歌曲中常有歌頌愛情的主題，而中共的群眾歌曲通常只表現對黨國的大愛，鮮有卿卿我我的小愛。到了文革，要抓階級鬥爭，音樂創作也圍繞《毛澤東語錄》展開。

電影通俗易懂，列寧認為，在所有藝術中，電影是黨最重要的宣傳媒介。第四和第五章分別分析中共如何透過電影向新人灌輸敵我觀與愛情觀。中共建政初期，美國電影逐漸被取締，而大量蘇聯電影輸入中國，由此中國觀眾也開始接觸到蘇聯電影中的敵人類型，比如「托派」。本土電影中的敵人，則主要是美帝、「蔣匪幫」、反革命分子與地主，且隨政治形勢而變動：比如，

1　1974年2月毛澤東會見贊比亞總統卡翁達時首次公開提出該理論。他認為美國和蘇聯是第一世界；日本、歐洲、澳大利亞、加拿大是第二世界；亞洲除了日本，還有整個非洲和拉丁美洲都屬於第三世界。

1955年大小「胡風反革命集團」被抓出，接着是「反右」運動，「胡風分子」與「右派」成為當時電影中的主要敵人；1958年第二次臺海危機發生，國民黨再度躍上銀幕，成為主要敵人；中蘇關係破裂，「修正主義分子」成為電影中的敵人，為千夫所指；大躍進、人民公社以及社教運動又抓出了新的敵人，沒有改造好的「地富反壞右」及「蛻化分子」是重要的敵人類型。革命不斷深入，新的敵人不斷被製造出來，在銀幕上示眾。

中共強調革命事業為重，年輕人不要耽於私情，電影對愛情點到為止。蘇聯電影對愛情的描寫似更大膽。1956年，中共提倡「對藝術工作主張百花齊放，對學術工作主張百家爭鳴」的雙百方針，成為文藝創作者短暫的春天，這時期電影的主旨仍然是革命工作為重，但在男女交往的處理上比較活潑。但1957年反右運動開始後，電影在處理愛情主題上又變得保守，私人情感的表達成為一種禁忌。本章通過考察愛情與集體的關係，旨在表明，中共的控制直達個人最私密的領域，絕不容許個人主義的存在。

本書第六章處理勞動模範議題。勞模運動始於蘇聯，延安時期中共就開始推出自己的「勞動英雄」，如吳滿有。1949年後，中共宣稱，剝削階級已經被推翻，工人當家作主，勞動不再是為資本家創造剩餘價值，而是為了工人階級自身，為了解放全人類。為鼓勵勞動，灌輸集體主義，評選勞模和開勞模大會成為中共重要的動員手段。中共塑造的勞模往往十分極端化，要放棄任何個人利益的考量，時刻以集體利益為重，但他們取得的成績，則都歸功於黨的領導。余著特別比較了中蘇在勞模宣傳上的差

異，如蘇聯重視對利用新技術取得成績的勞模的宣傳，力推「有
文化素養」的勞模，並給予物質獎勵，中共則限於物質條件，難
以在技術上有所突破，也不主張物質刺激，並將知識分子農民
化，表現了十足的反智主義。

中共亦鼓勵男女平等，男性可以做的事情，女性也可以，但
這是一種什麼樣的平等呢？第七章講述一個叫梁軍的女子，響應
黨的號召，成為拖拉機手後，工作和生活的情況要比她之前的設
想的情況困難很多。除了物質條件艱苦，工作時間長，還被迫做
一些體力無法勝任的工作，甚至生理期也無法得到足夠的照顧，
留下伴隨終身的婦女病。中共雖然宣傳男女平等，但灌輸尊重女
性的觀念並不多，實際生活中女工人往往需要比男性更努力，才
能證明自身與男性同等的價值。作者指出，中共希望灌輸給婦女
的性別觀，是希望女性和男性一樣工作，把女人當成男人使用，
因此社會主義新女性的觀念仍是男性中心、以男性為標準的。

中蘇比較下的新人觀

「新人」不只是一個共產社會現象，學界一般將其源頭追溯
至啟蒙時代與法國大革命。經過了啟蒙時代，人們開始相信，人
類社會並非決定於上帝或傳統，而是人類自己。法國所鼓吹的
「人民主權」，要求人民都要以全新的方式參與政治。受到這些革
命理念的啟發，一些激進的思想家開始設想去創造不受過去侷限

的新人類。[2] 受此風潮影響，俄羅斯從十九世紀開始反思農奴制度，認為奴隸不能成為祖國之子，因此催生了新人的理念。王汎森發現，在民初的中國，一種主流思潮認為，亙古遺留下來的，因為是自然的，因此是不好的，只有人為的才是好的。一個好的社會必然是「理性」有意識地構作的，這顯然是受了歐洲啟蒙理念的影響。1920年代大革命時期，理想的新人又轉變成有組織、能過有紀律的生活、信奉主義的完全的「人」。[3] 根據余敏玲的研究，中共新人理念既受到蘇聯的影響，亦有自身的創造。社會主義「新人」的理念與實踐的這種跨國族特質，已經有了一些研究，如程映虹的專著比較了蘇聯、中國和古巴三個共產國家的情況。[4] 但依託作者精通俄語的優勢及對中蘇歷史的熟稔，《形塑「新人」》應是該議題上最有深度的一本著作。

本書受到英文學界蘇聯史研究的影響。史學領域的「文化轉向」強調，不僅要關注「事實」，更要注意其如何被表述。該趨勢反映在最近的蘇聯史研究，則是再次強調意識形態的重要性。冷戰時代最具影響的「極權主義學派」將蘇聯與「自由世界」的

---

2   David L. Hoffmann, *Cultivating the Mass: Modern State Practices and Soviet Socialism, 1914–1939* (Ithaca: Cornell University Press, 2011), pp. 224–25.

3   王汎森：〈從「新民」到「新人」：近代思想中的「自我」與「政治」〉，《思想是生活的一種方式：中國近代思想史的再思考》(新北市：聯經出版公司)，頁53–90。

4   Yinghong Cheng, *Creating the "New Man": From Enlightenment Ideals to Socialist Realities* (Honolulu, HI: University of Hawai'i Press, 2009).

不同之處歸結為意識形態的差異所致，為了與冷戰視角相區
隔，今天的政治文化史學者揚棄了在英文中意義負面的「宣傳」
（propaganda）一詞，改用如「政治文化」（political culture）或「群眾
文化」（mass culture）等中性詞彙。但這並不表明學者們認為蘇聯
存在西方意義上的「輿論」（public opinion），而是指蘇聯政府透過
壟斷宣傳工具，統合文學、藝術、新聞甚至科學，利用象徵符
號、儀式、修辭和視覺影像等，形成了某種特殊的文化表述，這
套政治化的表演也成為表述蘇聯的唯一形式。[5] 藉此，蘇聯政府
得以形塑民眾的態度、觀念、期待、行為方式，控制民眾的日常
生活。與「極權主義學派」強調政府的單向控制不同，今天的新
一代學者傾向於認為政府與社會間存在互動。儘管政府是主動的
一方、通常處在上風，社會亦有一定的獨立性，形塑社會的過程
不是政府單方面説了算。無論政府如何強有力，都必須根據民眾
的回應或抵制，不斷調整策略。因此，該過程是一個永無止盡的
談判，具有不可控性。

　　余著啟發我們進一步討論有關的議題。首先，通過政治宣
傳能否成功實現形塑「新人」的目標？陳永發認為，無論在延安
時期還是建國後，「強迫與志願的結合」是某些知識分子成為黨
所需要的「積極分子」或「新人」的原因，不可忽視其中明顯的強

5　Jeffrey Brooks, *Thank You, Comrade Stalin!: Soviet Public Culture from Revolution to Cold War* (Princeton, NJ: Princeton University Press, 2000), pp. xii–xviii.

迫性。[6] 應星則發現，在農民中塑造新人，單靠宣傳並不奏效，中共往往要在飲食男女、婚姻生育等日常生活中通過對身體進行規訓與懲罰來觸動靈魂。[7] 余著所提及的讀蘇聯小說、教科書，唱群眾歌曲、看電影等，能改造靈魂嗎？中共期待人們的信仰隨時依宣傳議題更新嗎？老百姓真的清楚自己到底相信什麼嗎？學者通常引用毛澤東1958年在《人民日報》上發表的詩歌〈送瘟神〉中的「六億神州盡舜堯」一句，來證明中共形塑新人之社會工程之巨大、道德期待之高。然而，將該詩篇放回當時的歷史語境中解讀即可發現，那只是毛澤東在得知江西省餘江縣透過大規模的群眾動員，使用「土埋溝渠法」，攻克了連神醫華佗都「無奈」的「小蟲」——日本血吸蟲病後，賦詩讚美大眾動員的效果，[8] 並無涉及「新人」議題。那麼中共一系列宣傳的目的究竟為了把老百姓形塑成真正的共產主義新人，還是為他們劃定言行的紅線，及更方便對社會進行政治動員？中共究竟要形塑什麼樣的「新人」？要求人人變成保爾、吳運鐸，「把一切獻給黨」，還是只

6 　陳永發：《延安的陰影》(臺北：中央研究院，1990)；〈強迫與志願的結合： 評楊奎松《忍不住的「關懷」：1949年前後的書生與政治》〉，《二十一世紀》，第148期 (2015年4月)，頁134–51。

7 　應星：《村莊審判史中的道德與政治：1951–1976年中國西南一個山村的故事》(北京：知識產權出版社，2009)，頁3。

8 　飯島涉：〈作為歷史指標的傳染病〉，收入余新忠主編：《清以來的疾病、醫療和衛生：以社會文化史為視角的探索》(北京：三聯，2009)，頁40。

要做個順民即可？在斯大林的蘇聯和毛澤東的中國，任何與官方宣傳不同的論調都不許表達，在沒有言論自由的社會裏，只要老百姓不敢公開表達異端思想，真信、佯信，還是漠然置之，能有多大的區別？

除了蘇聯因素，余敏玲更強調「新人」議題上中共自身的「貢獻」。她指出，因為風俗習慣、國家發展階段、領袖偏好的差異等因素，中共的新人觀比蘇聯更強調黨國至上，個人的空間更小。中共的新人形象也更平面化、臉譜化、沒有個性、不真實、缺少品味。該批評實引出了一個頗值得討論的問題，即用什麼標準評價社會主義國家的「大眾文化」(popular culture)？余敏玲顯然是採用人文主義、精英主義的文化標準，但是否恰當？耶魯大學教授凱特琳娜‧克拉克 (Katerina Clark) 認為，我們評價蘇聯的「社會主義現實主義」小說，不能期待其達到亨利‧詹姆斯 (Henry James) 的創作水準，因它們的目標讀者並非精英，目的也並非提高蘇聯人民的藝術品味。透過類型化的故事情節、結構、人物形象，這些小說意在將蘇聯的意識形態儀式化，使民眾對黨國形成宗教般的崇拜。[9] 同樣的，中共的宣傳主要針對老百姓，目的也是在民眾中貫徹官方意圖，加以動員。在長期的國共鬥爭中，中共發現民眾教育程度低、文盲比率高，要達到好的宣傳效果，官方訊息必須簡單化、通俗化。如果以中共自身設定的宣傳目標，

9　Katerina Clark, *The Soviet Novel: History as Ritual* (Chicago, IL: The University of Chicago Press, 1981).

而不是其試圖消滅的「資產階級美學」的標準去評判，對中共的宣傳經驗也許會做出不同的評價。

宣傳效果是研究宣傳的一個無法迴避的問題。比如，書中提及的這些媒介與藝術形式是否對所有人的宣傳效果都一樣？官方訊息如何被解讀？余著對此問題的態度似有矛盾。一方面，她認為中共的宣傳效果強大。如斯大林去世後「大多數中國民眾深感哀痛，彷彿天塌下來一般」（頁38）。作者又認為宣傳新人的運動成為文革中紅衛兵的「養成教育」，導致了他們的狂熱行為。中共的宣傳似乎如傳播學中鼓吹媒體對受眾具有強宣傳效果的「魔彈論」（Magic Bullet Theory）所聲稱，受眾一旦被訊息擊中，則應聲倒下。但作者同時又用了相當篇幅解釋民間的解讀常是多元的，甚至與官方對抗性的解讀亦不鮮見，這似乎又支持了傳播學中與「魔彈論」唱反調的「有限效果論」（limited effects）。作者在兩種宣傳效果論之間的搖擺，實顯示了該問題的複雜性。

在蘇聯史領域，對於斯大林統治的蘇聯民眾究竟如何看待官方宣傳，學界最起碼有兩種不同的觀點。一些學者認為效果有限。如莎拉・戴維斯（Sarah Davies）研究蘇聯解體後解密的秘密警察報告及審訊材料中所記載的群眾在多個議題上對政府的牢騷、甚至反政府的言論，她認為即使在最高壓的斯大林時期，民眾中仍然存在着相當普遍的「異見」。[10] 有學者認為，戴維斯利

10　Sarah Davies, *Popular Opinion in Stalin's Russia: Terror, Propaganda and Dissent, 1934–1941* (New York: Cambridge University Press, 1997).

用的思想監控報告也許可以反映蘇聯政府在各個時期監控民眾思想的重點所在，以及寫報告者自己的視角，但無法系統地反映真實的輿論。[11] 余敏玲也試圖通過只供高級幹部閱讀的《內部參考》考察毛澤東時代中國民眾的真實想法，但不得不承認《內部參考》畢竟不是民意調查，侷限頗多。

深受福柯（Michel Foucault）等後現代主義思想家影響的「現代性學派」則不再糾結蘇聯民眾作為一個整體是否接受了政府的宣傳，他們轉向分析個體，通過閱讀日記和自傳去考察個人對於宣傳的反應。有學者傾向於認為有些民眾不僅內化了官方意識形態，甚至積極迎合，形成了所謂「社會主義主體」意識，即成了「社會主義新人」。關於對個體的理解，「極權主義學派」認為，因為恐懼，蘇聯人民只是假裝相信宣傳，真實的「自我」被隱藏了起來。「修正主義學派」則認為蘇聯人民是有「主體性」的，民眾對宣傳採一種功利的態度，是否支持，端賴是否有好處。「現代性學派」則強調權力並非只是壓制個體，也創造個體，使他們不僅成為被權力審視和塑造的對象，亦是擁有行動能力與能動性的主體。蘇聯人民的主體性不是體現在西方自由主義強調的個人空間，而是追求成為所謂人類歷史潮流中之一分子的歸屬感與自豪感。比如海爾貝克（Jochen Hellbeck）的研究不再聚焦蘇聯政府

11　Peter Holquist, "Information Is the Alpha and Omega of Our Work: Bolshevik Surveillance in Its Pan-European Context," *Journal of Modern History*, Vol. 69, No. 3 (1997), pp. 415–50.

的暴力與思想控制，而是從大眾心理的角度分析民眾如何基於恐
懼、功利考量以及榮譽感，努力將蘇聯的意識形態內化。他指
出，通過持續地寫日記，蘇聯人民得以按照政府的意識形態要求
改造自己，努力將自己融入社會主義事業當中。這一研究將「極
權主義學派」所強調的意識形態灌輸與「修正主義學派」所鼓吹的
個人能動性加以結合，呈現了一個既有一定自主性但同時亦在相
當程度上內化了政府意識形態的蘇聯人的「自我」。[12]

　　究竟蘇聯形塑「新人」的效果如何？各研究範式的側重不同。
要作系統的概括，似無有效而全面的材料可以利用；如討論個
案，則不難找到證明形塑新人運動效果明顯的例子。余著也不例
外，個案做得相當精彩，但讀者仍無法從中作出中共形塑「新人」
的效果究竟如何的總體判斷。因為無法系統瞭解民眾的回應，宣
傳這一複雜的過程在余敏玲筆下似乎變成了官方單向的操控：中
共只需根據政治形勢和自身需要進行宣傳，不必考慮民間的回
應，更看不到民間的回應如何反過來迫使政府調整宣傳策略。
「新人」們也只是任人擺布的木偶，毫無能動性 (agency)，更不懂
如何在中共劃定的圈子裏利用官方政策為己謀利。因此，《形塑
「新人」》一書最大的貢獻不在於揭示出中共如何形塑「新人」，哪

12　Choi Chatterjee and Karen Petrone, "Models of Selfhood and Subjectivity:
　　The Soviet Case in Historical Perspective," *Slavic Review*, Vol. 67, No. 4
　　(2008), pp. 967–86; Jochen Hellbeck, *Revolution on My Mind: Writing a
　　Diary under Stalin* (Cambridge, MA: Harvard University Press, 2006).

些經驗來自蘇聯，哪些是中共的原創，而在於用豐富的史料，以比較史學的方法，從多個面向呈現毛時代的群眾文化，並指出中共究竟要重建什麼樣的道統，及各個時期言論的邊界所在。

本文原載於《中央研究院近代史研究所集刊》，
第103期（2019年3月），頁127–34。

所有人都可以成為歷史的主角

史學民主化後，少數族裔和邊緣
人群被重新發現，人力車夫這個
被侮辱和損害的社會群體也成為
研究重大歷史主題的素材。
正應了俄國戲劇大師史坦尼斯拉
夫斯基的一句名言：「沒有小角
色，只有小演員。」

書寫小人物的大歷史

人力車夫與現代性研究

人力車也叫東洋車，晚清從日本傳入中國後，迅速取代了轎子和騾馬，成為中國各城市最重要的交通工具。其優點是輕便、舒適、人力成本低、線路和時間靈活，並減少了街頭的動物糞便。最初，拉人力車與抬轎子一樣，都是做「小工」，幹活謀生，跟人道主義沒有瓜葛。林語堂注意到，因為歐洲出現了「苦力」（coolie）這一詞彙，並被賦予道德色彩，「受過西方教育的高等華人」開始將「苦力」這個詞及該詞在西方所具有的道德意味帶入中文。人力車夫從「小工」變成了「苦力」，拉車不只是「做工」，而是「將人當成畜生」。[1]「苦力」概念東漸，並與「新文學運動」倡導的「平民的文學」，以及「勞工神聖」這些理念結合，再加上知識分子是人力車的常客，熟悉人力車行業，使人力車夫成為當時文學作品的重要主題。胡適、魯迅、沈尹默、劉半農、郁達夫、臧

---

1   林語堂：〈苦力之謎〉，《語堂文集》（上）（臺北：開明書店，1978），
     頁 284–87。

克家等重要作家都發表了有關人力車夫的作品，老舍還寫出了一
部重要的長篇小說《駱駝祥子》。[2] 民國時期的社會學家也開始注
意到這一群體，他們對多個城市的人力車夫進行了社會調查，發
表了調查報告，有影響的主要有陶孟和的〈北京人力車夫之生活
情形〉和李景漢的〈北京人力車夫現狀的調查〉。[3]

近幾十年來，人力車夫這群社會邊緣人又成了美國學者研究
的對象。自 1960 年代以來，身份政治（identity politics）成為與「馬
克思主義」「現代化」和「年鑑學派」這三大研究範式並駕齊驅的
第四種範式。[4] 該範式使發覆少數族裔和邊緣人群歷史的社會史
一時蔚為時尚，長期被忽略或歧視的人力車夫也因此變成了歷史
書寫的對象。學者們試圖從車夫的視角講述其生活，譜寫所謂
「民眾的歷史」（people's history）。研究人力車夫最有影響力的早
期著作當屬 1986 年出版的澳大利亞學者沃倫（James F. Warren）的

2　胡適：〈人力車夫〉〈我的車和我的車夫〉；魯迅：〈一件小事〉〈死人
　　的享福〉；沈尹默：〈人力車夫〉；劉半農：〈車毯（擬車夫語）〉；郁達
　　夫：〈薄奠〉；聞一多：〈飛毛腿〉；臧克家：〈洋車夫〉；老舍：《駱駝
　　祥子》。

3　除了陶孟和和李景漢的調查報告外，還有上海市社會局編印的〈上
　　海市人力車夫生活狀況調查報告書〉、言心哲的〈南京市人力車夫生
　　活的分析〉、強一經的〈濟南洋車夫生活調查〉、蔡斌咸的〈從農村破
　　產所擠出來的人力車夫問題〉、伍銳麟和白銓的〈中國人力車夫的研
　　究〉〈廣州市六百人力車夫生活狀況之調查〉、李蘊碧的〈廣州市二百
　　個人力車夫生活狀況調查〉等。

4　Lynn Hunt, *Writing History in the Global Era* (New York: W. W. Norton &
　　Company, 2014), p. 13.

《新加坡人力車夫史，1880–1940》（*Rickshaw Coolie: A People's History of Singapore, 1880–1940*）。該書從「庶民視角」細緻地描摹了人力車夫們的經濟狀況、社會網絡、勞動節奏與生活心態，指出殖民政府的政策對人力車夫非常苛刻。這一苦力群體因為社會經濟地位低下，成了新加坡社會的弱勢群體，承受了很多不幸。同時，作者指出，新加坡殖民歷史的書寫不能忽略這群來自中國的苦力。[5]

1980年代末，現代性（modernity）成為學界研究的重要論題，作為現代性的成果及其象徵，城市成為研究該論題的首選。該論題中涉及人力車夫的研究有三個面向：第一個面向是透過研究人力車問題研究勞工階級政治（working class politics）。這類研究明顯受到英國歷史學家湯普森（E. P. Thompson）的啟發。湯普森對勞工政治研究的第一個重大影響是其提出的「道德預設」（moral assumptions）概念。不少學者將十八世紀英國大眾的造反行為解釋為僅僅是因為經濟利益受損所驅使，而湯普森卻認為大眾有自己的「道德預設」，這一預設即基於長期的歷史傳統所形成而為大家所普遍接受的社會規範、責任以及社區中各種社會組織所應該承擔的經濟責任。這些方面組合在一起，稱為「窮人的道德經濟」（moral economy of the poor）。與其說是經濟上受損，

5　James Francis Warren, *Rickshaw Coolie: A People's History of Singapore, 1880–1940* (New York: Oxford University Press, 1986), pp. 10–11.

不如說只有當這一道德預設被冒犯，大眾才傾向於造反。[6] 透過該概念，湯普森突破了把經濟理性解釋為大眾造反的唯一原因的範式，為街頭政治賦予了社會文化緯度，開啟了新的研究方向。該概念透過美國人類學家斯科特（James C. Scott）對東南亞的研究風靡一時，成為研究農民政治活動的重要範式。斯科特提出，農民貧窮的生活經不起任何風浪的折騰，家庭的生存安全（a secure subsistence）而不是利潤最大化才是農民做經濟決策時的首要考量。生存成為其「道德經濟」，精英眼中的「保守」可能才是農民最大的理性。只有冒犯了該「道德預設」，農民才會造反。[7] 該理論應用到人力車夫研究，則是強調苦力群體的赤貧狀態使他們隨時可能陷入危機，「吃飯放屁，天經地義」的民間邏輯一旦受到政府政策的挑戰，他們自然會走上街頭。

湯普森對勞工政治的另一大貢獻，是指出工人並非如人們想像的那樣是一個被壓迫和異化的被動群體，他們積極參與各種政治、經濟和宗教鬥爭，在該過程中，逐漸形成了其階級意識。[8] 涉及人力車夫研究的另一本重要著作——史謙德（David Strand）之《人力車時代的北京：1920年代的城市、居民與政治》（*Rickshaw*

---

6   E. P. Thompson, "The Moral Economy of the English Crowd in the Eighteenth Century," *Past & Present*, No. 50 (February 1971), pp. 76–136.

7   James C. Scott, *The Moral Economy of the Peasant: Rebellion and Subsistence in Southeast Asia* (New Haven: Yale University Press, 1976).

8   E. P. Thompson, *The Making of the English Working Class* (London: Victor Gollancz, 1963).

Beijing: City, People, and Politics in the 1920s)——即深受湯普森的影響。人力車夫通常沒有積蓄，每天的生活全指望當日拉車的收入。颱風下雨、社會治安、價格漲落、政治氣氛的微小變化，都很容易影響到他們的營生。這些特質，使人力車夫的生存狀態成為城市政治的晴雨表。同時，街頭存活的不易，使人力車夫既富於鬥爭經驗，也懂得如何拉幫結派、抱團取暖。街頭的鬥爭經歷所形塑的階級意識與人力車公會所起的組織作用互相結合，終於導致了1929年北京街頭以反對電車運營為目標的人力車夫大騷亂。[9]《人力車時代的北京》強調，1920年代的北京出現了類似於哈貝馬斯（Jürgen Habermas）提出的、出現於十九世紀歐洲的「公共領域」（public sphere）。

　　透過對粵港兩地人力車夫的研究，馮志明探討何以近代以來這一理應對政治無甚興趣的群體不斷捲入抗爭當中。馮著認為，人力車業不是一個安穩的行業，車夫的弱勢地位、街頭經驗以及無組織狀態使他們尤其能感受到社會的不公、政府的不作為、警察的粗暴、富人的不仁、帝國主義者對中國人的種族歧視。人力車夫之所以積極參與政治抗議，只是因為長期以來積累的不滿使他們有充分的理由加入抗爭，成為「不情願的英雄」。[10]

9　David Strand, *Rickshaw Beijing: City, People, and Politics in the 1920s* (Los Angeles, CA: University of California Press, 1989), p. 64.

10　Fung Chiming, *Reluctant Heroes: Rickshaw Pullers in Hong Kong and Canton, 1874–1954* (Hong Kong: Hong Kong University Press, 2005).

　　1934年，上海公共租界工部局為「改良車業」，「救濟車夫」，
推出革新辦法多條，卻引起車商和車夫的一致反對，以失敗告
終。英國謝菲爾德大學的韋立德（Tim Wright）對上海人力車業的
運作方式進行了深入分析，他認為該行業涉及多方利益，青幫是
車商背後的靠山。再加上人力車業涉及幾萬人的生存問題，當局
無力解決如此龐大的人力車夫的生計問題，只得妥協。透過該個
案，韋立德指出，以上海公共租界工部局為代表的外國政府遠不
是一個絕對權力，對中國社會的控制能力比較有限，經常在經濟
壓力與地方精英的抵制下妥協。[11]

　　城市現代性研究的第二個面向是城市的文明化。該議題要處
理的一個悖論，即現代性與文化認同（cultural identity）之間的衝
突，或所謂「時間征服了空間」（time conquers space）。中國的傳
統形塑了我們的中國文化認同，而來自西方的現代性則破壞了該
傳統，力度之大，馬克思嘗謂「一切堅固的都煙消雲散了」。歷
史學家周錫瑞（Joseph W. Esherick）於是在他主編的城市史論文集
的序言中追問：二十世紀中國城市的現代化，是否可以做到「既
現代，同時又是中國的？」[12]

11　Tim Wright, "Shanghai Imperialists versus Rickshaw Racketeers: the Defeat
　　of the 1934 Rickshaw Reforms," *Modern China*, Vol. 17, No. 1 (January
　　1991), pp. 76–111.

12　Joseph W. Esherick, ed., *Remaking the Chinese City: Modernity and National
　　Identity, 1900–1950* (Honolulu, HI: University of Hawai'i Press, 2000), p. 1.

作為近代的通商口岸，上海是現代性的產物，西化的痕跡到
處可覓。盧漢超認為如果將目光移向霓虹燈外，關注城市貧民的
日常生活，則可以發現這些剛從農村進入上海的移民仍然保持着
傳統的生活方式。比如人力車夫就仍然保持着傳統的生活方式，
他們的所吃所用，仍然保持着傳統的習慣。[13]

司昆侖（Kristin Stapleton）以成都為個案，探討晚清以來政府
和精英如何根據源自西方、經過日本的「文明」理念，試圖將成
都的市中心從傳統的集市、地方衙門所在地、大眾活動的場所納
入系統的市政管理中。以日本的東京為藍本，成都政府與精英們
雖時有爭執，但終於建立了一套新的秩序，衛生系統、警察制
度、市政官僚系統、市政規劃等現代規範，將成都變為一個新型
的、有序的、具有生產性的都市社區。改革者試圖透過「文明
化」，加大政府能力，從而得以利用社會大眾這一資源，達至強
國的目的。人力車業亦成為規訓的對象，被迫按照精英的要求，
變得「文明」。[14]

二十世紀初，成都出現了人力車、自行車和汽車三種新型交
通工具。人力車在1906年從日本引進，一開始僅用於街頭的花
會活動，後來才成為一種交通工具，政府加以嚴格管理，如規定

13　Hanchao Lu, *Beyond the Neon Lights: Everyday Shanghai in the Early Twentieth Century* (Los Angeles, CA: University of California press, 1999).

14　Kristin Stapleton, *Civilizing Chengdu: Chinese Urban Reform, 1895–1937* (Cambridge, MA: Harvard University Press, 2000).

其靠右行駛、車夫要統一着裝等。王笛認為，文明化的過程深刻地改變了街頭生活和街頭文化。該過程固然帶來新氣象，但令大眾逐漸失去了對街頭的使用權。[15]

柯必德（Peter Carroll）研究甲午戰爭後至抗日戰爭前蘇州城的各種利益集團如何在市政規劃中對待古城的文化遺跡，比如城牆、街道、寺廟、園林、古蹟、墓地等。在關於蘇州古城規劃與重建的討論中，存在兩種取向：一派鼓吹對遺跡加以保護，以保存「國粹」，他們認為保存一個國家的文化遺產是現代化的標誌，民族認同也建立在此之上；另一派為「經濟現代化」派，他們認為這些「國粹」既妨礙城市的發展，亦象徵着中國的落後。城牆與窄道，原是古城的特色，但妨礙行人與貨物的流通，從而影響經濟發展。拆除之後，不僅於經濟有利，且抹去了那個讓國人蒙羞的時代留下的印記，一舉兩得。民國蘇州城的重建即是不同的利益集團對兩種不同的文化認同態度的爭辯、衝突和妥協的結果。該著提示我們，道路是通向現代性的途徑，對街道如何規劃的爭論與使用權的爭奪成為城市現代性的重心所在。同時，規訓人們在街道上的行為以形塑現代公民成為此後歷屆政府的施政方針。1921年，人力車進入蘇州。當時，人力車是先進的交通工具，憑其快速、具娛樂性，能提供乘客一些視覺享受，使蘇州人開始感受現代性。人力車夫的工

15　王笛：《街頭文化：成都公共空間、下層民眾與地方政治，1870–1930》（北京：中國人民大學出版社，2006）。

作就是在大街上拉車奔跑，為維持城市的秩序，他們自然成為
政府規訓的重點對象。[16]

城市現代性研究的第三個面向是政府對社會的治理。受到後
現代主義的影響，尤其是福柯（Michel Foucault）關於「權力」、「話
語」、「治理理性」和「治理性」等理論的啟發，學者們不再把韋立
德提到的1934年上海公共租界工部局試圖提高人力車夫狀況的革
新視為仁政，而看成是一種複雜的社會治理過程。受到源自西
方、清季通過日本傳入中國的「社會」這一概念的影響，中國政府
企圖將臣民形塑為公民，將「一盤散沙」的中國社會改造成「社會
有機體」。現代化要求將國家管轄的人口形塑為一個理性化、組
織化的社會體。國家既可以透過動員該社會體來汲取資源，亦可
對社會加以規訓和操縱。因此，社會既是現代政府統治合法性的
來源，亦為政府施展權力和加以操控的對象。錢曾瑗（Michael
Tsin）在《國家、治理和現代性：1900–1927年的廣州》（*Nation,
Governance, and Modernity in China: Canton, 1900–1927*）一書中指
出，在國族建構（nation building）中，國民黨廣東革命政府不只是
為了建構一個「想像的共同體」（imagined community），更致力於
將「社會」這一理念變成現實，將廣東人口變成可以為政府利用的
「一個真正的社會體」（a real social body）。國民黨試圖將工人形塑
為一個有紀律、「團結一致的力量」（a cohesive force），作為其執政

16　Peter Carroll, *Between Heaven and Modernity: Reconstructing Suzhou, 1895–
　　1937* (Stanford, CA: Stanford University Press, 2006).

的社會基礎。然而，他們很快發現，工人並非一個統一的整體，形塑難度之大，遠超預估。錢曾瑗提到人力車夫、榨油業工人和鐵路工人基於利益的不同而產生的異質性明顯妨礙了其團結，根本無法成為廣東革命政府所期待的作為整體的「社會軍團」。不僅如此，人力車夫內部由於幫派不同，時起內訌，嚴重時甚至發生械鬥。形塑「一個真正的社會體」是現代政府治理的題中應有之義，而人群分裂如此，為達至目標，政府必須不斷動員其治理下的人口，且不同群體之間的緊張必須被馴服，甚至鎮壓。[17]

如果說錢曾瑗所描述的是現代政府如何通過動員和規訓將各種社群加以融合形成社會，那麼李慈（Zwia Lipkin）則發現國民政府與精英再造一個「新社會」和「公民」的過程，伴隨着「社會問題」的發明。她指出，民國政府將一些現象和人群污名化，將其看作偏離了正常的社會秩序、於國家「無用」的「越軌者」（deviant）。換而言之，「社會」和「公民」的形塑亦為一個區分內外（boundary making）的過程。「越軌者」不僅於國家無用，更是社會肌體的「腐蝕者」和「毒瘤」，不除之必養癰遺患。在社會進化論的影響下，能否有效處理「越軌者」，關係到社會的發展和種族的生存，茲事體大。進入民國後，人力車夫等賤業從業者被視為於國家無用的「越軌者」，是城市的污點，必須加以廢止。南京政府以歐美為師，相信現代化即西化，西人的肯定是

17　Michael Tsin, *Nation, Governance, and Modernity in China: Cantoon, 1900–1927* (Stanford, CA: Stanford University Press, 2000).

衡量現代化是否成功的標準，國際觀瞻成了當局最在意的施政目標。

人力車夫這個議題仍有發掘的潛力。在空間上，人力車在日本、中國和東南亞都曾是重要的交通工具。今天全球史已成為一種重要的史學方法，寫一部人力車夫的全球史，不僅有新意，同時也可以呈現華人勞工在不同國家的際遇。既有的關於人力車夫的研究主要限於1895年到1937年之間，基本都在探討國民政府與人力車業之間的關係。那麼，抗戰時期，人力車夫有什麼樣的命運？汪精衛政府時期人力車業狀況如何？1949年，人力車夫被中共劃入工人的範疇，開始「當家作主」，獲得崇高的政治地位。他們的實際生活狀況到底得到了多大的改善？民國時期，政府與人力車業之間出現的緊張，大多是因為政府試圖用電車和公共汽車等交通工具取代人力車，威脅到人力車夫的生計問題。既然無法解決人力車夫的轉業問題，人力車業雖不符合人道主義，為避免衝突，民國政府仍不敢貿然取締。然而，當1958年親共的記者曹聚仁到上海參觀時，他發現不僅人力車夫已經消失，三輪車夫也已經大量轉業，政府還宣稱1959年將徹底廢除三輪車。曹聚仁不禁感慨，「上海這一城市，從轎子－馬車－黃包車（即人力車）－三輪車－汽車，走了一個世紀，還是中西合璧，不曾徹底現代化。中共執政，十年之間，就完成了現代化的步伐」，變化之大，不啻「鐵樹開了花」。[18]

18　曹聚仁：《北行三語》（香港：三育圖書文具公司，1960），頁138–39。

全國各大城市大規模廢止人力車發生在中共建政後的1950年代，中共如何做到了民國政府無法做到的事情呢？據檔案顯示，在公共汽車取代人力車的過程中，發生了多起社會衝突，中共是如何處理的？如何通過人力車這一議題，呈現以解放窮人為口號的中國共產革命，究竟對城市貧民意味着什麼？這些都是值得回答的問題。

小國作為研究方法

我們總是習慣用大國的邏輯去解釋小國的行為，卻忽略了小國本身的獨特之處。

以小國作為研究方法，或能找到理解國際關係起伏的支點。

去妖魔化
英文學界之北韓史研究[*]

1950年朝鮮戰爭爆發後，朝鮮半島才開始進入美國公眾的視野。在那場戰爭中，多達33,643名美國士兵死於戰場，其中一個重要原因即美軍對自己的對手一無所知。戰前，麥克阿瑟（Douglas MacArthur）將軍帶着種族主義的優越感，宣稱金日成手下的士兵見到白人定會潰不成軍、逃之夭夭。但上戰場後，他驚訝地發現，北韓軍人英勇善戰，所向披靡。讓美軍無法理解的是，金日成只是蘇聯的傀儡，北韓軍人只是替蘇聯人賣命，但士兵的敢死精神明顯受到了民族主義的感召，作為異族的蘇聯人是如何激發他們的這種情緒的呢？與此相反，南韓軍人根本不願打仗，他們丟在戰場上的武器足以裝備十支軍隊，這又是什麼原因？[1]即使

---

*　本文用「北韓」指代中國大陸地區習慣所稱的北朝鮮，用「南韓」指代南朝鮮，用「朝鮮」或「朝鮮半島」指代作為一個整體的朝鮮半島。

1　Bruce Cumings, *North Korea: Another Country* (New York: New Press, 2004), pp. 5, 8–10.

在戰爭結束後，美國人對朝鮮半島的瞭解仍然有限。一位韓裔美籍教授曾和我談起四十年前的經歷：他十歲時隨父母從南韓移民美國，每次美國人見到他這張亞洲面孔都會問：「你是中國人？」他搖頭。「你是日本人？」他亦搖頭。對方大惑不解：「那你是哪國人？」

朝鮮研究（Korean Studies）進入美國大學要到 1950 年代末、1960 年代初，而且只是作為東亞研究的一個小分支。[2] 在講授東亞史之時，教授們為了敘述完整，會簡略地提到朝鮮半島，指出其在歷史上曾經是一個國家，如今被三八線一分為二，南邊是進步的大韓民國（南韓），北邊是被蘇聯操控、實行社會主義的朝鮮民主主義人民共和國（北韓）。

美國的南韓研究一度發展緩慢，主要是因為美國人缺乏興趣，不願將學術資源花在一個他們看來並不重要的國家的研究上。而北韓研究的情況則相對複雜。作為一場據說已經「被遺忘」的戰爭，朝鮮戰爭不僅深刻地影響了北韓的內政、外交和民眾對西方的觀感，而且定義了美國對北韓的態度──即北韓是美國的敵人。[3] 基於這樣的定位，長期以來，美國主導的英文世界對北韓只有「敵情研究」，目的是窺探這個神秘的「邪惡國家」，以便收集情報和制定對

2　Charles K. Armstrong, "Development and Directions of Korean Studies in the United States," *Journal of Contemporary Korean Studies*, Vol. 1, No. 1 (2014), p. 36.

3　Bruce Cumings, *North Korea*, pp. 5, 8–10.

策，確保美國及其盟國的國家安全。學者們普遍認為沒有必要對北韓進行嚴肅的學術研究。

隨着1980年代末南韓推動民主化、1990年代初北韓第一次核危機，以及蘇聯和東歐等社會主義國家解體後相關檔案的陸續開放，美國對北韓的興趣劇增，出版物層出不窮。一開始，這類出版物主要出自新聞記者、外交官員、「脫北者」、難民及遊客之手，嚴謹的、具原創性的學術專著並不多見。而近三十年來，美國的北韓研究領域逐步積累了一定的學術成果，值得中文學界借鑑、批評。

本文試圖梳理英文學界關於北韓研究的著作，尤其是最富成果的政治史和外交史著作，綜述其內容、背景、問題意識、研究特點及範式轉移。我參考了哥倫比亞大學教授阿姆斯特朗（Charles K. Armstrong）在2011年對該領域的分析，[4] 但更新了該文發表後出版的最新著作。阿姆斯特朗的目標讀者為英文學界，本文則針對中文學界的同行，根據中文讀者的興趣進行取捨和評述。需要聲明的是，研究朝鮮戰爭的著作並未納入本文評論範圍。朝鮮戰爭在歐美已成為一個專門的研究課題，成果眾多，獨具特色，需要專文討論。

4　Charles K. Armstrong, "Trends in the Study of North Korea," *Journal of Asian Studies*, Vol. 70, No. 2 (2011), pp. 357–71.

史料問題

北韓研究最大的困難是史料難以獲得。北韓幾乎與世隔絕，除了宣傳材料外，很難獲得可靠資料。目前學者們利用的研究資料大概有以下幾類：

第一類是北韓公開出版的報刊、宣傳材料、領袖著作、講話等。這些出版物的主要目的是為了宣傳，研究者必須謹慎解讀，才能於其中挖出有用信息。

第二類是日本秘密警察在殖民時代搜集的朝鮮勞動黨的情報及審訊口供，以及西方國家的外交檔案及情報。其中最重要的是1950年冬美軍佔領平壤後繳獲的一批檔案，名為《美軍在朝鮮繳獲之紀錄》(Records Seized by U.S. Military Forces in Korea，《繳獲紀錄》)，現保存於馬里蘭州大學公園市的國家檔案館(The National Archives at College Park, Maryland)，檔案號為 Record Group 242。這批檔案內容長達1,608,000頁，基本為韓文，也有少量日文和俄文。這些材料包括金日成講話的手冊、報紙、雜誌、各種組織的會議紀錄、朝鮮勞動黨的文件、北韓政府文件、書信、日記、照片、個人檔案、法庭紀錄等。《繳獲紀錄》於1977年解密，其中一部分已整理出版，對瞭解1945年日本戰敗至1950年朝鮮戰爭發生前的北韓有很高的史料價值。[5] 因為研究北韓的學者不多，再加上他們閱讀韓文的能力有限，該檔案的利用率不高，但還是有

5　Dae-sook Suh, "Records Seized by U.S. Military Forces in Korea, 1921–1952," *Korean Studies*, Vol. 2 (1978), pp. 177–82.

學者根據這些材料寫出了金日成的傳記，並探討了1950年前共產革命對北韓政治、社會、經濟、文化、日常生活的深刻影響。[6]

　　第三類是來自社會主義陣營其他國家的檔案，包括俄國（前蘇聯）、德國（前民主德國〔東德〕）、羅馬尼亞、保加利亞、阿爾巴尼亞、匈牙利、捷克、斯洛伐克、波蘭等東歐國家的檔案，中國的部分檔案也已解密。為了方便學者更好地利用多國檔案，位於華盛頓的威爾遜國際學者中心（Woodrow Wilson International Center for Scholars）已經將大量蘇聯和東歐檔案翻譯成英文。該中心涉及北韓的研究項目有兩個，一個是「冷戰國際史計畫」（The Cold War International History Project, CWIHP），另一個是「北韓國際文獻計畫」（The North Korea International Documentation Project, NKIDP）。雖然這些檔案呈現的是社會主義盟國的視角，卻極大地填補了北韓自身檔案不開放造成的空白。利用這些檔案出版的著作主要集中在政治史、外交史領域，頗具原創性。[7]

6　Dae-sook Suh, *Kim Il Sung: The North Korean Leader* (New York: Columbia University Press, 1988); Charles K. Armstrong, *The North Korean Revolution, 1945–1950* (Ithaca, NY: Cornell University Press, 2003); Suzy Kim, *Everyday Life in the North Korean Revolution, 1945–1950* (Ithaca, NY: Cornell University Press, 2013).

7　Andrei Lankov, *From Stalin to Kim Il Sung: The Formation of North Korea, 1945–1960* (London: Hurst & Company, 2002); *Crisis in North Korea: The Failure of De-Stalinization, 1956* (Honolulu: University of Hawai'i Press, 2005); Balázs Szalontai, *Kim Il Sung in the Khrushchev Era: Soviet-DPRK Relations and the Roots of North Korean Despotism, 1953–1964* (Stanford, CA: Stanford University Press, 2005); Charles K. Armstrong, *Tyranny of the Weak: North Korea and the World, 1950–1992* (Ithaca, NY: Cornell University Press, 2013).

第四類是「脫北者」、難民和北韓人的回憶錄、自傳、訪談
等。住在南韓的北韓難民多達兩萬人，還有好幾萬住在中國或其
他亞洲國家。數量龐大的難民群體成為外界瞭解這個封閉國家的
重要渠道，他們的見證、訪談已成為北韓研究的重要材料。另
外，外國新聞記者的觀察以及個別曾在北韓生活、學習、工作過
的外國人的回憶，也是值得利用的材料。[8]

政治史、外交史研究

英文學界對社會主義國家的研究始於政治學領域，對北韓的
研究亦是如此，一般是從政治學角度討論朝鮮勞動黨的黨權、領

8　這一方面比較重要的英文書或英譯本有：Kang Chol-hwan and Pierre
　　Rigoulot, *The Aquariums of Pyongyang: Ten Years in the North Korean Gulag*,
　　trans. Yair Reiner (New York: Basic Books, 2001); Erik Cornell, *North Korea
　　under Communism: Report of an Envoy to Paradise* (New York: Routledge, 2002);
　　Guy Delisle, *Pyongyang: A Journey in North Korea*, trans. Helge Dascher
　　(Montreal: Drawn & Quarterly, 2003); Michael Harrold, *Comrades and
　　Strangers: Behind the Closed Doors of North Korea* (West Sussex: John Wiley &
　　Sons, 2004); Bradley K. Martin, *Under the Loving Care of the Fatherly Leader:
　　North Korea and the Kim Dynasty* (New York: Thomas Dunne Books, 2004);
　　Mike Kim, *Escaping North Korea: Defiance and Hope in the World's Most Repressive
　　Country* (Lanham, MD: Rowman & Littlefield Publishers, 2008); Charles
　　Jenkins, *The Reluctant Communist: My Desertion, Court-Martial, and Forty-Year
　　Imprisonment in North Korea* (Berkeley, CA: University of California Press, 2008);
　　Kim Yong with Kim Suk-young, *Long Road Home: Testimony of a North Korean
　　Camp Survivor* (New York: Columbia University Press, 2009); Barbara Demick,
　　Nothing to Envy: Ordinary Lives in North Korea (London: Granta Books, 2010).

導人、北韓社會狀況以及北韓與蘇聯、中國等盟國的關係。早期
研究中最有分量的專著為施樂伯（Robert A. Scalapino）和李鍾奭在
1972年出版的《共產主義在朝鮮》（*Communism in Korea*）。這上下
兩冊厚達1,500頁的書可謂開山之作，細緻考察了朝鮮共產主義
運動從萌芽到1970年代為止的發展狀況。上冊描述朝鮮共產運
動的歷史，如運動的起源、日據時代的起伏、在東北與朝鮮邊境
地區的游擊活動、在美國控制下的南韓和蘇聯佔據下的北韓的發
展狀況、朝鮮戰爭時期的情況、勞動黨內部的權力鬥爭，以及金
日成如何在派系林立的朝鮮勞動黨內成為最高領袖。下冊考察北
韓的社會狀況，包括黨內關係、領袖與幹部之間的關係、社會控
制機制、意識形態、軍事政治制度、農業、工業等多個方面。該
著作使用了當時所能獲得的一切材料，主要是日本檔案，比如秘
密警察、司法部、內政部、駐朝鮮總督、外務與軍事部門等的官
方文件。這些絕密文件中有每日情報、警察和檢查官的詳細審訊
紀錄、法庭審判紀錄、被日本繳獲的大量朝鮮勞動黨的文件與材
料、警察局的報告、政治犯的交代材料等。同時，兩位作者還對
多位親歷者做了訪談，有的是共產運動的參與者，有的是知情人
士。[9]這部著作至今仍有重要參考價值。

在北韓的國家制度中，領袖的作用舉足輕重，因此西方學界
很想瞭解金日成究竟是怎樣一個人？他是如何到達權力頂峰的？

9　Robert A. Scalapino and Chong-sik Lee, *Communism in Korea* (Berkeley, CA: University of California Press, 1972).

他的主要思想是什麼？北韓出版的領袖傳記不僅極度美化金日成，還會根據形勢的需要不斷修改，而西方媒體基於意識形態的偏見，總是將其妖魔化，誇大有關金日成的負面信息，兩者均非信史。美國政治學家徐大肅利用《繳獲紀錄》，試圖書寫一部可靠的傳記，他在1988年出版了《北韓領袖金日成》(*Kim Il Sung: The North Korean Leader*) 一書。該書試圖呈現金日成人生中的各個面向：參加抗日戰爭的經歷、如何獲得權力、在黨內面臨怎樣的挑戰、如何試圖統一朝鮮半島、如何在蘇聯和中國之間尋找平衡、如何擴張在第三世界國家的影響力、其政治思想尤其是「主體」(Juche) 思想是如何出台的？他如何成功地培養自己的兒子金正日成為接班人？[10] 這本出版於1988年的傳記持之有故，成為北韓研究的必讀書之一。

另一本值得一讀的著作是1999年出版的《游擊隊派王朝：北韓的政治與領導》(*The Guerilla Dynasty: Politics and Leadership in North Korea*)。成為學者前，作者布佐 (Adrian Buzo) 曾於1975年擔任澳大利亞駐北韓外交官。此書主要利用其他學者的研究或金日成的著作，在材料的獨特性上乏善可陳，但難能可貴的地方是結合了作者個人對北韓的體察，通過討論幾個北韓歷史上的重要事件來呈現該政權的演變軌迹，預測未來的走向。作者能將這種演變放在一個長時段中審視，並將歷史事件放入複雜的背景中加

---

10   Dae-sook Suh, *Kim Il Sung.*

以討論，如談到列寧黨的特色、斯大林組織與建設社會主義國家的原則、朝鮮自身的政治傳統、民族主義與共產主義運動，以及朝鮮傳統的武裝組織等。[11]

　　學者討論最多的一個問題是：北韓的政治制度是如何形成的？同樣是在蘇聯影響下建立的斯大林式政權，何以北韓和東歐如此不同？北韓與東歐最初實行的都是一黨主導、多黨合作的「人民民主」（People's Democracy）制度，何以東歐基本保持了這種賦予基層相對多一點自由的制度，[12] 而北韓卻變成了世襲的一黨制領袖專政國家？上面提到的三部著作都強調了蘇聯因素對北韓的影響，即北韓對斯大林式蘇聯制度的模仿與繼承。但其實兩國在個人崇拜方面頗有差異：斯大林也鼓吹個人崇拜，但被崇拜的不只是他自己，還包括列寧甚至莫洛托夫（Vyacheslav Molotov）；在北韓，金日成是唯一被崇拜的領袖。如果一切都只是斯大林主義的複製，為什麼北韓比斯大林統治下的蘇聯更專制？柏林牆倒下了，蘇聯亦已解體多年，何以北韓的專制政權仍能持續？

11　Adrian Buzo, *The Guerilla Dynasty: Politics and Leadership in North Korea* (New York: I. B. Tauris & Co., Ltd., 1999).

12　Croey Ross, *Constructing Socialism at the Grass-Roots: The Transformation of East Germany, 1945–65* (London: Palgrave Macmillan, 2000), p. 9; R. J. Crampton, *Eastern Europe in the Twentieth Century—and After*, 2nd ed. (New York: Routledge, 1997).

從極權主義到修正主義

　　美國的北韓研究深受蘇聯史研究的影響，尤其是對最專制、最殘暴的斯大林統治時期，即所謂「斯大林主義」(Stalinism) 研究的影響。在西方，人們通常以「大清洗」、「古拉格」等現象定義斯大林主義，那麼這種制度是如何形成的呢？1950 年代開始盛行的極權主義學派 (Totalitarian school) 試圖解釋何以一個被指稱為既「沒有政治合法性」、也「沒有群眾基礎」的政黨可以統治蘇聯如此之久。作為冷戰時代的產物，極權主義學派的解釋自然離不開那個時代「自由世界」與「共產世界」對立的角度，即認為蘇聯是一個極權政權，通過政變得以上台，不僅將自己信奉的意識形態強行灌輸給社會，而且以此來改造社會。在蘇聯共產黨的統治下，人們失去了各種自由，社會喪失了抵制公權力入侵的能力，失去了自我保護的可能。同時，斯大林主義並非蘇聯革命的一個斷裂或岔路，而是其必然結果。

　　1980 年代初蘇聯研究出現了範式轉移，從極權主義學派轉向了修正主義學派 (Revisionist school)。該學派認為蘇聯社會並不是如極權主義學派所認為的那麼被動、無助地任由一個無所不在的政府宰制。修正主義學派光譜複雜：其中一些學者認為，工人、農民積極參加「十月革命」，他們是支持布爾什維克黨的，因此「十月革命」並非非法政變，而是群眾革命，蘇聯政府獲得了極大的群眾基礎；另外一些學者則指出，斯大林主義並非「十月革命」的自然產物，斯大林錯誤地偏離了社會主義意識形態，是非常態

的。那麼，如何重新解釋斯大林主義的形成？有的學者認為，斯大林控制了黨內人事任免的大權，也就綁架了黨機器，使其為個人利益服務。有的學者則指出，農民佔多數的、現代化程度不高的蘇聯社會，為類似傳統父權的斯大林主義提供了豐富的土壤。有學者還相信，蘇聯社會的一些群體支持甚至鼓吹斯大林的政策，如迅速工業化、農業集體化，甚至是「大清洗」。[13]

修正主義之後，1990年代末蘇聯研究開始轉向所謂的後修正主義學派（Post-revisionist school），其中一個重要分支就是現代性學派（Modernity school）。該學派在理論上深受法國思想家福柯（Michel Foucault）的影響，將斯大林主義放入世界史的背景加以比較。換句話說，對斯大林主義的解釋既不在政治上層，也不在社會底層，而是訴諸全球史的分析框架。冷戰時代，學者普遍認為蘇聯的制度是與西方民主國家對立的，沒有任何共通性。因此，學界着力強調蘇聯制度的獨特性，並加以譴責。冷戰結束後，兩種制度的截然對立迅速鬆動，學界開始認識到斯大林統治時期蘇聯政權的作為和民主國家之間類似的地方。他們認為，斯大林主義的產生既不是領袖的個性或意識形態本身的問題，也並非因為該制度最適應蘇聯的文化社會傳統、經濟狀況，從而獲得

---

13 David L. Hoffmann, "Introduction: Interpretations of Stalinism," in David L. Hoffmann, ed., *Stalinism: The Essential Readings* (Malden, MA: Blackwell, 2003), pp. 2–4; Sheila Fitzpartick, "Politics as Practice: Thoughts on a New Soviet Political History," *Kritika: Explorations in Russian and Eurasian History*, Vol. 5, No. 1 (2004), pp. 30–32.

了民眾的支持和配合，而是起源於啟蒙時代的理念和強調對社會
實行理性干預的歐洲規訓文化（European disciplinary culture），即
現代性。國家對社會更深入全面的干預興起於第一次世界大戰，
總體戰時代的到來使歐洲各國政府通過領袖崇拜、社會監控制
度、宣傳機器、侵犯個人隱私、國家暴力和福利制度，讓國民不
僅忠誠於政府，也能為國家戰鬥。這些是以大眾政治為特徵的現
代國家都在使用的手段，並非只有蘇聯如此，民主國家亦然。只
是民主國家有憲政制度，戰爭時代國家權力無限擴張，但戰事一
旦結束，受到憲法制約的國家機器就會恢復原狀，成為權力有限
的政府。而蘇聯因為缺乏憲法的約束，無法將擴張的國家權力關
回籠子裏，國家也習慣了大政府的高效率，並形成路徑依賴，這
才是以斯大林主義為特徵的蘇聯政府在戰後仍然得以維持的原
因。[14] 在北韓研究領域也出現了一些反思修正主義的佳作，但它
們並未完全跟隨蘇聯史領域的後修正主義學派。這是北韓研究與
蘇聯史研究的一個不同之處。

　　北韓研究也經歷了從極權主義向修正主義的轉變，只是語境
不同。極權主義學派認為，北韓不過是蘇聯的傀儡政權，其制度

14　Stephen Kotkin, *Magnetic Mountain: Stalinism as a Civilization* (Berkeley, CA: University of California Press, 1997); David L. Hoffmann, ed., *Stalinism*; Peter Holquist, *Making War, Forging Revolution: Russia's Continuum of Crisis, 1914–1921* (Cambridge: Harvard University Press, 2002); David L. Hoffmann, *Cultivating the Masses: Modern State Practices and Soviet Socialism, 1914–1939* (Ithaca, NY: Cornell University Press, 2011); Stephen Kotkin, *Stalin: Paradoxes of Power, 1878–1928* (New York: Penguin Books, 2014).

也只是斯大林主義的翻版，蘇聯共產政權強加在北韓老百姓身上的統治形式是違背當地人意志的。修正主義學派則強調本土因素，認為北韓共產革命並非蘇聯主導，而是本國民眾的一場社會革命，蘇聯的影響只是居次要地位。該派學者認為，北韓政權在1940 年代末獲得了極大的民眾支持，才使社會主義革命在朝鮮半島取得成功。他們認為北韓的制度最主要的影響不是來自蘇聯，而是來自比中國儒家文化更具壓制性的朝鮮儒家傳統以及日本殖民時代的制度遺產。朝鮮戰爭研究的大家卡明斯 (Bruce Cumings) 就提出，北韓政權其實深受日據時代的軍事傳統和日本天皇崇拜制度的影響，而不是單純學習蘇聯。[15] 2018 年，多倫多大學東亞系教授施密德 (Andre Schmid) 發表文章，批評極權主義學派不僅忽略了金氏統治下的北韓社會仍有一定的自主性，且在解讀史料時將北韓政府聲稱其所要達到的社會控制程度當成了事實。施密德指出，一個政府宣稱要實現的目標與實際上所能達到的結果往往有明顯的距離，金氏政權對社會的控制力並沒有學者想像的那麼大，借用法國社會學家布迪厄 (Pierre Bourdieu) 的說法，國家在任何地方都不如自己草擬的文件中所宣稱的那般強大。[16]

15　Bruce Cumings, "Getting North Korea Wrong," *Bulletin of the Atomic Scientists*, Vol. 71, No. 4 (2015), pp. 64–76.

16　Andre Schmid, "Historicizing North Korea: State Socialism, Population Mobility, and Cold War Historiography," *American Historical Review*, Vol. 123, No. 2 (2018), pp. 439–40.

　　卡明斯的弟子、前述的阿姆斯特朗利用《繳獲紀錄》，採取修正主義視角，完成了北韓社會主義制度初期研究的大作《北韓的革命，1945–1950》(*The North Korean Revolution, 1945–1950*)。該書雖然承認社會主義制度在北韓的形成受到了佔領者蘇聯的深刻影響，但該制度無論在中央還是地方，都馬上開始了本土化的過程，而且從一開始就明顯地表現出了這種本土因素。惜乎西方學者總是相信北韓無非是蘇聯的傀儡，一切都操縱於蘇聯之手，一葉障目，認識不到本土因素的作用。比如，在意識形態領域，北韓一個顯著的特點就是唯意志論，即強調意志的重要性而忽略日常的物質生活，在這方面比共產中國和越南更為極端。原因何在？在阿姆斯特朗看來，這主要是受到了朝鮮儒家傳統的影響，儒家文化在自詡為「小中華」的朝鮮要比在中國和越南更加非世俗化、更傾向原教旨主義。北韓政權將強調唯物主義的馬克思主義倒轉了過來，認為並不是經濟基礎決定上層建築，而是人的意志決定一切，物質是次要的。光憑這種唯意志論，北韓和其他社會主義國家就很不相同。與其說它像東德或波蘭，不如說更像同樣深受儒家文化浸潤的越南。其實，東歐社會主義國家才是典型的蘇聯衛星國，由蘇聯軍隊建立，且在各個方面長期依賴蘇聯，一旦蘇聯放棄支持，其社會主義制度很快難以為繼。北韓的社會主義制度雖然也是依靠蘇聯佔領軍建立，但即便蘇聯已經消失，北韓仍能繼續存在，這種獨立性恐怕只有在本土因素中才能找到解釋。北韓從一開始就表現出很明顯的民族主義傾向，只是在社會主義制度剛建

立的時候，被北韓領袖小心地掩藏在對蘇聯和斯大林的讚美之中。

阿姆斯特朗認為，在當時的東亞社會，無論北韓、越南還是中國，民族主義與親蘇的所謂國際主義並不互相排斥；對東亞的民族主義者來說，走社會主義道路就是為了實現民族解放和國家富強，民族主義和社會主義相輔相成。對於落後國家來說，單靠自身的力量無法實現反帝反殖的任務，需要尋求外援，而當時的蘇聯是唯一願意提供援助的外國，親蘇是自然而然的結果。即使這些民族主義者在各自的國家掌權，他們也並不認為接受蘇聯的援助或鼓吹斯大林崇拜妨礙了民族獨立，相反，只有依靠這種策略，才能早日實現本民族的獨立。但如同中國和越南一樣，北韓也馬上開始了本土化的過程，顛倒了列寧所倡導的民族政策，實現了本土化的民族斯大林主義（Nationalist Stalinism）。列寧的政策以民族主義作為形式、社會主義作為內容，而斯大林主義則以社會主義作為形式、強烈的民族主義作為內容。[17]

蘭科夫（Andrei Lankov）顯然不同意卡明斯等人對極權主義學派的修正。在其頗受推崇的著作《從斯大林到金日成：北韓政權的建立，1945–1960》（*From Stalin to Kim Il Sung: The Formation of North Korea, 1945–1960*）一書中，他批評修正主義學派矯枉過正，過度弱化了蘇聯在北韓政權建立的過程中所起的作用。在蘭科夫

17　Charles K. Armstrong, *The North Korean Revolution*.

看來，斯大林主義在北韓落地生根主要還是源於蘇聯在其中的操
控，當時來自本土的力量並不明顯。蘭科夫是俄羅斯人，在蘇聯
時期曾留學北韓，現任教於南韓國民大學，主要用英文發表學術
成果。他的著作利用1990年代初俄國解密的蘇聯檔案，這是學
界第一次從蘇聯的紀錄中一窺北韓的歷史。該書主要研究蘇聯在
佔領北韓之後如何逐步建立起一個蘇聯模式的政府、金日成究竟
為何方人氏、北韓上層內部的權力鬥爭、蘇籍朝鮮人在北韓政治
中所起的作用，以及1956年「八月事件」的前因後果。書中特別
讓人動容的是蘇籍朝鮮人在北韓的不幸遭遇：他們被蘇聯政府派
往北韓，參加社會主義建設；這些人滿懷革命理想和出身蘇聯的
優越感，真誠地希望把北韓改造為一個如同蘇聯一樣的現代國
家，並為殫精竭慮，最後卻遭到金日成「游擊隊派」的清洗。作
者感慨，正是這些人的努力幫助北韓迅速建成了一個斯大林式政
權，最後他們卻成了該制度的犧牲品。[18] 歷史研究依賴史料，學
者的觀點也很容易被自己讀到的史料影響。蘭科夫的材料主要是
俄國檔案，也沒能利用美國國家檔案館的材料，蘇聯在北韓制度
建立過程中所起的作用自然顯得尤其突出。該書在章節安排上亦
受制於其當時所能獲得的俄國檔案，有的問題討論詳細，有的則
非常簡略，沒能系統討論斯大林式制度在北韓建立時的各個主要
面向。

18　Andrei Lankov, *From Stalin to Kim Il Sung.*

　　三年後，蘭科夫又將關於「八月事件」的一章加以擴充，寫成了專著《北韓的危機：1956年去斯大林化的失敗》(*Crisis in North Korea: The Failure of De-Stalinization, 1956*)。作者認為，1956年的「八月事件」對北韓的內政外交影響巨大。在內政上，該事件決定了此後幾十年北韓政權奉行「平壤特色的斯大林主義」，即金日成提出的所謂「主體社會主義」(Juche Socialism)。此前北韓的制度類似東歐的「人民民主」，但「八月事件」後逐漸變成了斯大林主義的變種：嚴格控制、高度軍事化、無所不在的領袖崇拜，與正統的馬列主義甚至斯大林主義漸行漸遠，並確立了更加極權的制度。「主體」思想對北韓社會的影響是弊遠大於利，它固然有助於北韓擺脫蘇聯的控制，但並未給貧困的北韓人民帶來任何物質上的實惠。一個主要依賴外援得以發展的國家，一旦失去外來支持，經濟狀況自然一落千丈。金日成和跟隨他的平壤精英終於可以獨立決定北韓的道路，老百姓卻為此付出了巨大的代價。在外交上，「八月事件」後，金日成清除了黨內的親蘇勢力，尤其是蘇籍朝鮮人幹部，鞏固了自己的權力，不再是蘇聯的傀儡；同時，在國家政策上逐步清除蘇聯和中國的影響，利用中蘇間的矛盾實行等距離外交，在兩個大國之間尋找對北韓最有利的平衡點。[19]

19　Andrei Lankov, *Crisis in North Korea*.

2005年，高麗大學的匈牙利裔學者紹隆陶伊（Balázs Szalontai）利用匈牙利外交檔案，出版了著作《赫魯曉夫時期的金日成：蘇聯與北韓之關係及北韓專制的根源，1953–1964》（*Kim Il Sung in the Khrushchev Era: Soviet-DPRK Relations and the Roots of North Korean Despotism, 1953–1964*）。這本書試圖跳出上述極權主義與修正主義兩個學派的二元對立，給出不同的解釋。在紹隆陶伊看來，北韓的制度之所以與東歐不同，是各種因素產生的綜合結果，既不應該過度強調來自蘇聯、中國和日本的外來影響，也不必誇大朝鮮歷史上的專制與隔離傳統，最核心的還是金日成及效忠於他的「游擊隊派」身上所具有的強烈的懼外民族主義情緒（intense and xenophobic nationalism）。這種情緒既來自他們個人的經歷，也來自歷史記憶和抗戰結束後發生的一系列事件。

作者認為，金日成不安全感的形成不能只從朝鮮過去的歷史傳統中尋找原因，而是有一個逐漸形成的過程，大致可歸納為四個轉折點：第一個轉折是日據時代，尤其是1931年之後日軍成功地扼殺了朝鮮境內的反日活動，瓦解了朝鮮人在東北的游擊運動。為了生產戰爭物資，日本在朝鮮推動大規模工業化，並進行文化同化，這些舉措都強化了包括金日成在內的朝鮮人的民族主義情緒；第二個轉折是1945年蘇聯佔領北韓，導致金日成對「老大哥」又愛又懼。因為蘇聯的支持，他才順利成為北韓領袖，但蘇聯對北韓內政強勢干預，以及大量親蘇幹部在勞動黨中佔據重要位置，兩者對金氏權力的制衡又使金日成覺得領導權被冒犯，清除親蘇派自然是必須邁出的一步；第三個轉折是南韓共產運動

的失敗，同時朝鮮戰爭並沒有達到統一朝鮮半島的目的，更導致了南北韓持久的對抗，令金日成產生挫敗感。這些失敗不僅令金日成失去對社會主義盟友的信任，甚至對自己統治下的北韓人民的能力也失去信心；第四個轉折則是蘇聯的去斯大林化運動對北韓帶來的影響。因為該事件，北韓徹底擺脫了蘇聯的控制，蘇聯也失去了干涉「八月事件」的意願，金日成雖遭遇其他派系的圍攻，但躲過了類似東歐所發生的那些反政府運動。此後，金日成及其擁簇者可以完全根據自己的意願安排北韓的制度，但外交上的不安全感深刻地影響了內政，中蘇干涉和美國支持南韓發動攻擊的可能性，都使得金日成的懼外情緒始終無法舒緩。[20] 紹隆陶伊顯然沒有跟隨後修正主義潮流走，而是自成格局，其中的原因可能是他作為匈牙利學者，雖用英文書寫，但並不熟悉西方的學術脈絡；同時，北韓對斯大林主義的偏離也使得他對於後修正主義範式是否對北韓有解釋能力抱有懷疑。

新研究趨勢：全球冷戰史、日常生活、文化史

二十一世紀以來，北韓研究領域出現了不少別開生面的新著作。阿姆斯特朗的著作《弱者的暴政：北韓與世界，1950–1992》

20　Balázs Szalontai, *Kim Il Sung in the Khrushchev Era.*

（*Tyranny of the Weak: North Korea and the World, 1950–1992*）還是在傳統的政治史和外交史研究領域中，但換成從邊緣視角看國際關係，用新眼光看老題目。他一改過去將北韓當成國際舞台上一個可有可無的小卒，而是以其為中心考察從朝鮮戰爭到蘇聯解體這四十年裏，這個小國如何與蘇聯、中國、東歐和第三世界國家打交道。本書透視了一個弱國如何利用強國間的競爭來獲得生存空間與利益最大化，尤其是如何在中蘇矛盾之間保持等距離外交，雖然是在「走鋼絲」，卻上演了一齣齣以弱勝強的好戲。[21] 作者利用最新解密的多國檔案，通過考察北韓在國際舞台上的表現，不只勾勒了北韓外交史的脈絡，更是雄辯地告訴我們，冷戰史不只是美蘇爭霸史，社會主義陣營內部也不是中蘇兩大強國決定一切，小國的作用亦不可忽略，北韓就是一個最好的例子。該書無疑加深了我們對於冷戰史以及國際關係中同盟關係的認識，幫助我們更好地理解今天北韓的一舉一動為何總是能夠牽動國際關係的起伏。

西方學界研究共產革命，往往只關注革命「破舊」的一面，忽略其「立新」的一面。共產革命不只試圖砸爛一個舊世界，更要創造一個新世界，而新的生產方式的建立也形成了新的社會

21　該書在 2013 年於加州大學出版社出版後廣受好評，次年獲美國歷史學協會頒發的費正清獎（John K. Fairbank Prize）。但因多處史料存在偽造嫌疑，引發爭議，作者退回了獎項，並對原書進行改正，重新出版。雖然該事件是近年來美國北韓研究領域的一宗醜聞，但此書寫作視角有很大的創新，值得列入學術史加以討論。

關係。同樣是利用《繳獲紀錄》，卡明斯的另一位學生金秀智眼光朝下，考察共產革命如何影響了北韓人的日常生活。她在《北韓革命下的日常生活，1945–1950》(*Everyday Life in the North Korean Revolution, 1945–1950*) 中指出，北韓社會在抗戰之後、朝鮮戰爭之前並非如今天人們所認知的那樣貧窮、落後，反倒顯得比南韓更有前途：工業更發達、生活更富裕；更重要的是，它給時人提供了一種完全不同於日據時代或資本主義社會的生活方式。激進的土改運動改變了基於財產佔有多寡決定的人際關係，北韓歷史上舉行的第一次選舉帶給普通人強烈的國家主人翁歸屬感，掃盲運動給目不識丁的農村居民創造了從來不敢奢望的教育機會。老百姓被編入政府控制下的各種組織，如無處不在的群眾集會、多如牛毛的學習小組，公私之間的界限很快開始模糊，集體生活成為一種常態。日記、自傳不只是記錄個人生活，更記錄了如何將自己的生活融入波瀾壯闊的革命事業之中、個人如何成為集體中的一份子、如何努力將自己塑造成一個社會主義新人的過程。將壓在社會最底層的婦女解放出來，也是革命的重要目的之一：女性走出家庭，融入革命的洪流，「革命母親」成為北韓婦女的新認同。這些都是革命在北韓創造的全新的社會關係，它們深刻地改變了人們的日常生活。

　　日常生活史研究的主旨不是鈎沉歷史上人們如何吃喝玩樂，而是有一套嚴密的理論關懷，歐洲的左派思想大家如布羅代爾 (Fernand Braudel)、列斐伏爾 (Henri Lefebvre) 和德塞都 (Michel de

Certeau）對權力結構和日常生活的關係都有深入的闡釋。[22] 究竟
人們的日常生活是一個被宏大的權力結構所宰制而無力擺脫的領
域，還是一個人們可以與權力結構進行對抗的空間？在權力結構
與行動者的關係方面，金秀智在書中選擇了中庸之道，即日常生
活雖無法擺脫權力結構的影響，但也並非毫無能動性，還是有反
抗的空間。作者認為，即使如北韓這樣的國家，也不能完全控制
社會，國家與社會的關係仍然在持續地對話。國家無法完全無視
社會的反作用，始終需要與社會不斷談判，甚至妥協，試圖找到
雙方都能接受的平衡點。本書在英文學界的價值就是指出，北韓
的歷史不只是「關於一個人或一個政黨的歷史」，遠比這些豐富。
北韓也不是一個被現代化所遺忘的國家，其歷史就是一部現代化
的歷史，只不過北韓代表的是一種與資本主義制度下的現代性不
同的所謂「社會主義現代性」（Socialist Modernity）。[23]

　　英文世界在政治史、外交史、社會史之後，出現的另一個範
式是新文化史。該研究的理論較為複雜，簡單地概括，這種研究
方法認為「歷史事實是什麼」固然重要，但「事實如何被表述」甚

22　Fernand Braudel, *The Structures of Everyday Life: Civilization and Capitalism, 15th–18th Century*, Vol. 1, trans. Siân Reynolds (New York: Harper & Row, 1982); Henri Lefebvre, *Critique of Everyday Life*, 3 vols., trans. John Moore (London: Verso Books, 1991–2005); Michel de Certeau, *The Practice of Everyday Life*, trans. Steven F. Rendall (Berkeley, CA: University of California Press, 1984).

23　Suzy Kim, *Everyday Life in the North Korean Revolution*.

至更重要。基於這種信仰，學者擱置檔案，轉向報刊、電影、戲劇，去尋找象徵層面的歷史。流風所被，有學者開始去分析北韓的大眾文化，關心的主要問題從北韓制度如何建立，變成了該制度如何維持，以及宣傳在其中如何產生作用。英文學界第一本關於北韓藝術史的著作為現任大英博物館亞洲部副主任白珍（Jane Portal）所著的《受控制的北韓藝術》（*Art Under Control in North Korea*）。本書涉及的藝術種類多樣，如紀念碑、浮雕、建築、領袖像章、繪畫、木刻、攝影、海報、書法、瓷器等。作者將這些藝術品放在現代國家與藝術的關係中進行討論，指出國家總是在利用藝術為現實服務，這種趨勢在二十世紀得到極大加強，極權國家尤其如此。金日成雖然強調「主體」，但他鼓吹藝術為政權服務的觀念明顯複製了蘇聯的「社會主義現實主義藝術」（Socialist Realist Art）理念，在藝術家的組織方式、作品的主題、風格上都和蘇聯等社會主義國家極其相似。例如，利用電影和戲劇作為主要宣傳手段，動員數量龐大的人口參加大型群眾表演，作品多為集體創作，表現的都是革命和英雄題材，這些都是北韓與蘇聯等社會主義國家在藝術表現上的相似之處。但作者也指出，北韓的傳統觀念也體現在其藝術作品之中，比如在表現女性的題材上，由於朝鮮王朝時代的儒家思想更加嚴格，北韓藝術中對女子的呈現要比毛澤東時代的「男女各佔半邊天」更為保守。此外，領袖崇拜的主題在北韓的作品中尤其突出，且主要圍繞金日成一人，這顯然與帝王傳統有關。作品主要滿足政府的管治需要，為政府服務，而不是為了表達藝術家個人的感受和靈感，創作意圖被嚴

格限制在表達對政權和領袖的忠誠和讚美。今天的北韓藝術仍然
不斷回顧金日成及其游擊隊如何將老百姓從日本殖民統治的水深
火熱之中拯救出來，鮮有表現當下題材的作品。[24]

　　對北韓的大眾藝術進行深入考察的還有金淑英的《虛幻的烏
托邦：北韓的戲劇、電影與日常表演》(*Illusive Utopia: Theater, Film,
and Everyday Performance in North Korea*) 一書。作者試圖回答的問題
是：為什麼北韓對於利用大眾藝術手段塑造一個理想化的國家形
象如此沉迷，儘管其實際的政治、經濟、社會、文化現實與藝術
建構的形象之間有着天壤之別？這個極度貧困的國家捨得在宣傳
上投入那麼多資源，道理何在？參與表演的人真的相信這些宣傳
嗎？通過考察電影、大型群眾表演、戲劇等大眾藝術門類自冷戰
以來在北韓的發展，作者希望從文化的角度來解釋北韓的制度何
以維持到今天。該書認為，這些進入日常生活的藝術活動，不僅
娛樂了老百姓，且從根本上組織並動員了群眾，這是政權得以維
持的重要原因。[25] 受到人類學理論的影響，有些學者更認為北韓
是一個「劇場國家」(theatre state)，即政府對社會的控制不只靠暴
力，更靠定期舉行各種表演展示權力，最典型的就是數萬人參加
的「阿里郎」表演。這種由國家主導、滲透老百姓日常生活的各式

24　Jane Portal, *Art Under Control in North Korea* (London: Reaktion Books,
　　2005).

25　Suk-young Kim, *Illusive Utopia: Theater, Film, and Everyday Performance in
　　North Korea* (Ann Arbor, MI: University of Michigan Press, 2010).

表演，展示具有超凡魅力的領袖處於國家中心的象徵權力，是北韓對社會實行控制的有效手段。[26] 這種文化史研究即今天冷戰史學界所感興趣的「文化冷戰」（Cultural Cold War），該研究方法繞開了北韓檔案不開放帶來的不便，同時也彌補了政治史、外交史所不曾注意的面相，突出了宣傳在北韓政治中的重要角色。

餘 論

以上綜述可見，儘管英文世界的北韓研究仍處於發展狀態，但已實現從搜集敵情到學術研究的轉變，有了一定的積累，也具備自己的特色。在範式上，它明顯受到兩個學術潮流的影響：一是蘇聯史研究，更準確地說是關於斯大林主義的研究，從極權主義學派到修正主義學派的變化對北韓研究影響明顯，即在回答北韓的社會主義制度如何建立這個問題上，從強調蘇聯的影響轉向突出本土因素；二是美國歷史學研究的總體變化趨勢，即研究興趣從政治史和外交史到社會史、再到文化史的變化脈絡，在北韓研究中也有明顯的體現，儘管政治史和外交史仍然是主流。

北韓研究的獨特之處也很明顯。第一，北韓研究主要是「從外往裏看」，利用他國的材料來重構北韓史。北韓檔案何時可以

26　Heonik Kwon and Byung-ho Chung, *North Korea: Beyond Charismatic Politics* (Lanham, MD: Rowman & Littlefield Publishers, 2012), pp. 46–48.

開放，無人能知，但他國檔案給這個領域的發展提供了極大的可能性，已經取得的成果也足以證明這種研究方法是可行的。威爾遜國際學者中心也在持續不斷地收集、翻譯和出版各國的政治和外交檔案。第二，學界對於北韓的興趣目前還是被「國家安全」所主導，即如何應對北韓的核威脅，以保證美國及其盟國的安全。這也是為什麼政治史和外交史仍然是北韓研究領域的主流，主要關心的問題仍然是北韓這種制度如何形成、如何維持。值得注意的是，即使是政治史、外交史領域，近來也已走出視北韓為蘇聯傀儡的簡單化的冷戰視角，開始強調北韓的獨立性。近幾年的研究甚至以北韓為中心來書寫其與國際社會的外交互動，突出這個「弱者」在其中所起的強大作用，豐富了我們對冷戰史的理解。其實，除了政治與外交的研究，也有一些優秀著作探討北韓的社會狀況、日常生活、1990年代出現的饑荒和移民問題等。[27] 但限於田野調查不便以及學界對北韓經濟、社會、文化層面興趣不足，這些領域只是剛剛起步。可以想見，今後北韓研究的多樣化趨勢

---

27 這些領域具有代表性的著作包括：Hazel Smith, *Hungry for Peace: International Security, Humanitarian Assistance, and Social Change in North Korea* (Washington, DC: United States Institute of Peace Press, 2005); Andrei Lankov, *North of the DMZ: Essays on Daily Life in North Korea* (Jefferson, NC: McFarland & Company, 2007); Tessa Morris-Suzuki, *Exodus to North Korea: Shadows from Japan's Cold War* (Lanham, MD: Rowman & Littlefield, 2007); Ralph Hassig and Kongdan Oh, *The Hidden People of North Korea: Everyday Life in the Hermit Kingdom* (Lanham, MD: Rowman & Littlefield Publishers, 2009); Andrei Lankov, *The Real North Korea: Life and Politics in the Failed Stalinist Utopia* (Oxford: Oxford University Press, 2013).

一定會加強，相應地，研究目的也會從制訂更有效的外交政策，轉變為試圖更好地理解這個西方所知甚少的國家。[28]

英文學界在北韓研究上的成果無法跟其在中國史、蘇聯史這些領域的建樹相提並論，但對中文學界來說還是有很大的啟發。但在閱讀、評判這些著作的時候，一定要意識到它們產生在英文語境中，作者的意圖是批評英文世界既有的學術研究狀況以及改變美國公眾從大眾媒體上獲得的關於北韓的刻板印象，從而促使學界與公眾以新的、不同的眼光來看北韓。今天美國學者批評的主要是西方人自我中心，長期以來將北韓妖魔化，一葉障目，「不識北韓真面目」。學者認為，只有將北韓視為一個與美國一樣的正常國家，設身處地從對方的角度看問題，才能更好地瞭解它，從而更有效地化解朝鮮半島危機。

而對於中文學界來說，我們需要破解的迷思恐怕正好相反。2017年初版、2018年增訂再版的《最後的「天朝」：毛澤東、金日成與中朝關係》一書，是華東師範大學教授沈志華利用中文、俄文檔案研究中朝關係的著作。在中國，自韓戰以來，中朝關係的複雜歷史一直被美化和簡化為「血濃於水」、「唇齒相依」的兄弟國情誼。《最後的「天朝」》一書從中朝共產黨的早期關係談起，描述

28　Sonia Ryang, "Introduction: North Korea: Going beyond Security and Enemy Rhetoric," in Sonia Ryang, ed., *North Korea: Toward a Better Understanding* (Lanham, MD: Lexington Books, 2009), pp. 1–6; Michael J. Seth, *Introduction to North Korea: A History* (London: Palgrave, 2018), pp. vii–viii.

了毛澤東和金日成時代中韓關係的曲折過程，一直寫到鄧小平主政後，調整了毛時代的革命外交政策，於1992年與韓國建交，終結了中朝同盟。沈志華用紮實的史料證明，「血濃於水」只是中國政府製造的一個迷思，概括中朝關係更合適的詞彙倒是「冷暖無常」。職是之故，該書將長期以來關於中朝關係「血濃於水」的簡單論述放回歷史脈絡中，呈現出其中的複雜性，從而深化了我們之前對中韓兩個近鄰之間關係的簡單化理解。[29] 該書經翻譯、改寫後由美國哥倫比亞大學出版社出版，為英文學界的北韓研究提供了一個中國視角。[30]

本文曾以「從敵情到學術」為題發表於《二十一世紀》（香港中文大學‧中國文化研究所），第174期（2019年8月），頁95–108。

29　沈志華：《最後的「天朝」：毛澤東、金日成與中朝關係》，增訂版（香港：香港中文大學出版社，2018）。

30　Zhihua Shen and Yafeng Xia, *A Misunderstood Friendship: Mao Zedong, Kim Il-sung, and Sino–North Korean Relations, 1949–1976* (New York: Columbia University Press, 2018).